85 Recetas de Comidas y Jugos Para Bajar Su Presión Sanguínea Alta:

¡Resuelva Su Problema de Hipertensión en 12 Días o Menos!

Por

Joe Correa CSN

DERECHOS DE AUTOR

© 2016 Live Stronger Faster Inc.

Todos los derechos reservados

La reproducción o traducción de cualquier parte de este trabajo, más allá de lo permitido por la sección 107 o 108 del Acta de Derechos de Autor de los Estados Unidos, sin permiso del dueño de los derechos es ilegal.

Esta publicación está diseñada para proveer información precisa y autoritaria respecto al tema en cuestión. Es vendido con el entendimiento de que ni el autor ni el editor están envueltos en brindar consejo médico. Si éste fuese necesario, consultar con un doctor. Este libro es considerado una guía y no debería ser utilizado en ninguna forma perjudicial para su salud. Consulte con un médico antes de iniciar este plan nutricional para asegurarse que sea correcto para usted.

RECONOCIMIENTOS

La realización y éxito de este libro no habría sido posible sin la motivación y soporte de mi familia entera.

85 Recetas de Comidas y Jugos Para Bajar Su Presión Sanguínea Alta:

¡Resuelva Su Problema de Hipertensión en 12 Días o Menos!

Por

Joe Correa CSN

CONTENIDOS

Derechos de Autor

Reconocimientos

Acerca del Autor

Introducción

¿Qué es la Presión Sanguínea Alta?

¿Cómo Maneja Su Presión Sanguínea Alta?

Calendario Para Bajar Su Presión Sanguínea

Recetas de Comidas Para Bajar Su Presión Sanguínea

Recetas de Jugos Para Bajar Su Presión Sanguínea

Otros Grandes Títulos de Este Autor

ACERCA DEL AUTOR

Como un nutricionista deportivo certificado, honestamente creo en los efectos positivos que la correcta nutrición puede tener en el cuerpo y mente. Mi conocimiento y experiencia me ha ayudado a vivir más sanamente a través de los años, y el cual he compartido con mis amigos y familia. Cuanto más usted sepa de comer y beber sano, más temprano querrá cambiar su vida y hábitos alimenticios.

Ser exitoso en el control de su peso es importante ya que mejorará todos los aspectos de su vida.

La nutrición es una parte clave en el proceso de ponerse en mejor forma y de eso se trata este libro.

INTRODUCCION

85 Recetas de Comidas y Jugos Para Bajar Su Presión Sanguínea Alta le ayudará a controlar mejor su presión sanguínea naturalmente y rápido. La hipertensión es un problema de salud serio que debería ser atendido con ejercicio y nutrición apropiada.

Estar demasiado ocupado para comer bien puede a veces convertirse en un problema, y es por eso que este libro le ahorrará tiempo y ayudará a nutrir su cuerpo para alcanzar las metas que quiera.

Este libro le ayudará a:

- Controlar la presión sanguínea alta
- Acelerar los procesos de control de los niveles de presión agregando comidas y bebidas.
- Reducir grasa.
- Limpiar su torrente sanguíneo.
- Tener más energía.
- Acelerar naturalmente su metabolismo para hacerse más delgado
- Mejorar su sistema digestivo.

Joseph Correa es un nutricionista deportivo certificado y un atleta profesional.

¿Qué es La Presión Sanguínea Alta?

La presión sanguínea es la fuerza de la sangre contra las paredes de las arterias. Bajo condiciones normales, la presión sube y baja durante el día. Sin embargo, cuando se mantiene elevada en el tiempo, es llamada presión sanguínea alta.

El término médico para la presión sanguínea alta es hipertensión. Una presión sanguínea por encima de 140/90mmHg cae en la categoría de hipertensión, mientras una entre 120/80mmHg y 139/89mmHg se refiere a pre-hipertensión, la cual rápidamente puede convertirse en hipertensión si no se toman medidas. Hay algunos factores de riesgo que no pueden ser controlados, como la edad (55 o mayor para hombres y 65 o mayor para mujeres), y un historial de enfermedades cardíacas tempranas. Los factores que pueden ser controlados son una presión sanguínea elevada, diabetes, peso, actividad física, niveles de colesterol y el uso de tabaco, y estos son los factores en los que se enfocan la medicación y los cambios en el estilo de vida.

¿Cómo Maneja Su Presión Sanguínea Alta?

Ya que la presión sanguínea alta contribuye a la arterosclerosis, enfermedades cardíacas, infartos, enfermedades del riñón y la ceguera, se vuelve imperativo manejarla efectivamente mediante medicación apropiada y un cambio en el estilo de vida.

Tener una dieta apropiada es importante para manejar la presión sanguínea alta. Le puede ayudar a perder peso o mantenerse en un peso saludable, obtener los minerales y vitaminas que su cuerpo requiere, y ayudar a bajar la presión sanguínea.

Así que, ¿qué debería comer? Comidas que son bajas en grasas saturadas y colesterol deberían ser una prioridad. Obtenga sus grasas saludables con pescado, como el salmón, nueces y aceite de oliva. Asegúrese que sus comidas incluyan granos de trigo, aves de corral, pescado, nueces, lácteos bajos en grasa, y aléjese de las bebidas azucaradas, dulces y comidas rojas altas en grasas.

Una parte importante de comer saludable es escoger comidas que sean bajas en sal y otras formas de sodio. Usar menos sodio es la clave para mantener la presión sanguínea en un nivel saludable. Para alguien con una presión sanguínea controlada con medicación, la cantidad máxima recomendada por día es de 6 gramos (una cucharita) de sal de mesa. Así que no necesita eliminarla completamente de su dieta, sino asegurarse de reducirla tanto como sea posible, y dar sabor a sus comidas experimentando con especias y hierbas.

Pruebe las siguientes recetas y disfrute un plan de comidas que mantendrá su presión sanguínea a punto.

CALENDARIO DE ALIMENTOS

Semana 1:

Día 1:

Tortitas de arándanos y limón

Merienda: batido de frutas

Muslos de pollo asado con romero

Merienda: Taza de palomitas de maíz

Dal de lentejas con berenjenas

Día 2:

Tortilla de queso en fetas y tomate semi-seco

Snack: Mix de cereales, frutos secos y chocolate

Guiso de carne de res

Merienda: Yogur de arándanos

Espagueti picante

Día 3:

Pan de banana

Snack: Tostadas con aguacate

Guiso de pollo

Merienda: Manzana doradas

Judías verdes y pasteles de maíz

Día 4:

Tostadas con pavo y aguacate

Snack: bocaditos energéticos

Minestrón

Snack: Espárragos a la plancha

Ensalada de queso azul y pera

Día 5:

Barras de granola

Merienda: Batido de leche de soja

Pollo al Curry con mantequilla de maní

Snack: Naranjas con canela

Tajín de verduras

Día 6:

Espárragos suaves a la parrilla y huevos

Snack: Barra seca de albaricoque

Ensalada de salmón y arroz

Merienda: Manzana y mantequilla de maní

Picante de quinua

Día 7:

Batido de desayuno

Snack: Garbanzos tostados

Pastel de carne

Merienda: Yogur griego con fresas

Risotto de Romero

Semana 2:

Día 1:

Verduras al horno con huevos

Merienda: Taza de palomitas de maíz

Espaguetis con sardinas

Merienda: batido de frutas

Ensalada de pomelo

Día 2:

Papilla cremosa

Merienda: Yogur de arándanos

Lubina al vapor con col

Snack: Mix de cereales, frutos secos y chocolate

Canelones de Tofu y espinacas

Día 3:

Tostadas con mostaza de hongos

Merienda: Manzana dorada a la plancha

Ensalada de pollo

Snack: Tostadas con aguacate

Polenta al horno

Día 4:

Muffins con frutas

Snack: Espárragos a la plancha

Salmón y espinacas

Snack: Bocaditos energéticos

Ensalada de lentejas y calabaza

Día 5:

Tortilla de queso en fetas y tomate seco

Snack: Naranjas con canela

Ensalada de atún

Snack: Batidos de leche de soja

Pastel de verduras

Día 6:

Tortitas de arándanos y limón

Manzana y mantequilla de maní

Guiso de carne de res

Snack: Barra seca de Albaricoque

Espagueti picante

Día 7:

Tostadas con pavo y aguacate

Merienda: Yogur griego fresa

Muslo de pollo asado con romero

Snack: Garbanzos tostados

Judías verdes y pasteles de maíz

Semana 3:

Día 1:

Pan de plátano

Merienda: batido de frutas

Ensalada de pollo

Snack: Mix de cereales, frutos secos y chocolate

Ensalada de pomelo

Día 2:

Espárragos suaves a la parrilla y huevos

Merienda: Taza de palomitas de maíz

Minestrones

Merienda: Yogur de arándanos

Dal de lentejas con berenjenas

Día 3:

Barras de granola

Merienda: Manzana, patatas fritas

Ratatouille de pollo

Snack: Espárragos a la plancha

Ensalada de queso azul y pera

Día 4:

Verduras al horno con huevos

Snack: Tostadas con aguacate

Ensalada de salmón y arroz

Snack: Bocaditos energéticos

Tajín de verduras

Día 5:

Batido de desayuno

Snack: Naranjas con canela

Pollo al Curry

Mantequilla de maní

Snack: Barra seca de Albaricoque

Picante de quinua

Día 6:

Tostada con mostaza de hongos

Merienda: Batido de leche de soja

Espaguetis con sardinas

Merienda: Manzana y mantequilla de maní

Polenta al horno

Día 7:

Papilla cremosa

Merienda: Yogur griego con fresa

Pastel de carne

Merienda: Taza de palomitas de maíz

Ensalada de pomelo

Semana 4:

Día 1:

Muffins con frutas

Snack: Garbanzos tostados

Ensalada de pollo

Merienda: batido de frutas

Risotto al Romero

Día 2:

Tortilla de queso en fetas con tomate seco

Snack: Mix de cereales, frutos secos y chocolate

Lubina al vapor con col

Merienda: Yogur de arándanos

Ensalada de lentejas y calabaza

Día 3:

Panqueques de limón y arándanos

Snack: Tostadas con aguacate

Ensalada de atún

Merienda: Manzanas doradas a la plancha

Canelones de Tofu y espinaca

Día 4:

Espárragos suaves a la parrilla y huevos

Snack: Bocaditos energéticos

Salmón y espinacas

Snack: Espárragos a la plancha

Espagueti picante

Día 5:

Pan de banana

Snack: Naranjas con canela

Muslos de pollo al romero

Merienda: Manzana y mantequilla de maní

Tajín de verduras

Día 6:

Tostadas con aguacate y pavo

Merienda: Batido de leche de soja

Ensalada de salmón y arroz

Snack: Barra seca de Albaricoque

Polenta al horno

Día 7:

Papilla cremosa

Merienda: Taza de palomitas de maíz

Guiso de carne de res

Merienda: Yogur de arándanos

Ensalada de queso azul y pera

2 días adicionales para completar el mes:

Día 1:

Verduras al horno con huevos

Snack: Garbanzos tostados

Lubina al vapor con col

Merienda: Yogur griego con fresas

Pastel de verduras

Día 2:

Batido de desayuno

Snack: Espárragos a la plancha

Ensalada de pollo

Merienda: Manzana y mantequilla de maní

Picante de quinua

35 RECETAS DE COMIDAS

DESAYUNOS

1. Tortitas de arándanos y limón

Disfruta de panqueques recién hechos que le darán a tu día un excelente comienzo. Para darle un toque picante agrega una cucharada de yogur descremado con una pizca de canela.

Ingredientes (7 crepes):

100g de harina de trigo integral

100ml de leche

1 huevo pequeño

40g de arándanos

½ limón (cáscara)

½ cucharadita de Crémor Tártaro

¼ cucharadita de bicarbonato de sodio

½ cucharadita de jarabe de oro

Mantequilla para cocinar

Tiempo de Preparación: 10 min

Tiempo de cocción: 10 min

Preparación:

Mezclar la harina, el cremor tártaro y bicarbonato con un tenedor. Agregar la ½ cucharada de jarabe de oro junto a **los ingredientes** con la ralladura de limón y los arándanos.

Vierte la leche en una taza, agrega el huevo batiendo con un tenedor. Vierte la mayor
parte de la mezcla de leche en el bol con la mezcla de harina y mezcla bien con una espátula de goma. Continúa añadiendo leche hasta conformar una mezcla espesa.

Calentar un poco de manteca en la sartén y luego agregar una cucharada de la mezcla por vez. Cuando comienzan a verse burbujas sobre los panqueques darlos vuelta con una espátula. Cocinar hasta dorar. Mantener los panqueques calientes hasta terminar la mezcla y luego servir.

Valor nutricional por panqueque: 69kcal, 2g de proteínas, carbohidratos 12g (1g de fibra,
2g de azúcar), 1g de grasa (1g saturada), 0,1 g de sal.

2. Tostadas con mostaza de hongos

Rico en nutrientes, especialmente vitamina C, este desayuno vegetariano y saludable se prepara en solo 10 minutos y es mucho más sabroso con una cucharada de queso crema saborizado con salsa de mostaza.

Ingredientes (2 porciones):

6 puñados de setas planas, en rodajas

3 cucharadas de queso crema light

4 cucharadas de leche descremada

2 cucharadas de aceite de colza

2 cucharadas de cebollín, picado

½ cucharada de mostaza integral

2 rebanadas de pan integral

300ml de jugo recién exprimido de naranja

Tiempo de Preparación: 5 min

Tiempo de cocción: 5 min

Preparación:

Tostar el pan y untar con un poco de queso.

Calentar el aceite en una sartén antiadherente y cocinar las setas revolviendo frecuentemente. Cuando las setas estén blandas, añadir la leche, la mostaza y el queso restante revolviendo hasta que estén bien recubiertas.

Volcar la mezcla de champiñones sobre las tostadas, esparcir el cebollín sobre las mismas y servir con jugo.

Valor nutricional por porción: 231kcal, 13g de proteínas, carbohidratos 28g (4g de fibra, carbohidratos 16g), 7g de grasa (2g saturada), 0,1g de sal, calcio 10%, hierro 10%, magnesio 12%, vitamina C 14%, vitamina E 17%, vitamina K 14%, vitaminaB1 24%, vitamina B2 63%, vitamina B3 49%, vitamina B6 18%, Vitamina B9 20%.

3. Pan de banana

Bajo en grasa y alto en carbohidratos aumenta tu energía, este pan de banana es una opción saludable para el desayuno. Acompáñalo con un vaso de leche para agregar calcio en tu dieta para el fortalecimiento óseo.

Ingredientes (10 rodajas):

100g de harina leudante

140g de harina de trigo integral

300g de puré de bananas maduras

3 huevos grandes, batidos

150g de yogur natural descremado

4 cucharadas de jarabe de Agave

1 cucharadita de polvo de hornear

1 cucharadita de bicarbonato de sodio

Una pizca de sal

Materia grasa (para el recipiente) light.

Tiempo de Preparación: 20 min

Tiempo de cocción: 1h y 15 min

Preparación:

Calentar el horno a 140C. Colocar el recipiente con grasa, (deja 2cm sobre la parte superior del recipiente).

Mezclar la harina, el polvo de hornear, el bicarbonato y una pizca de sal en un bol o tazón grande.

Mezclar los plátanos, los huevos, el yogur y el jarabe, revolviendo enérgicamente e integrando **los ingredientes** secos. Poner la mezcla en el recipiente y hornear durante 1 hora y quince minutos o hasta pinchar con un cuchillo y que salga limpio.

Cortar el pan de banana y servir caliente o a a temperatura ambiente.
Valor nutricional por rebanada: 145kcal, proteínas6g, carbohidratos 24g (3g de fibra, 9g de azúcar), 2g de grasa (1g saturada), 0,6g de sal, 11 % de vitamina B1 y 13 % de vitamina B9.

4. Espárragos suaves a la parrilla y huevos

Un desayuno rápido con una bocanada de vitamina K, es baja en grasas saturadas y rica en proteínas saciadoras. Servir junto a tostadas de pan integral para una dosis extra de energía.

Ingredientes (2 porciones):

2 huevos

10 espárragos

25g de pan rallado seco fino

1 cucharadita de aceite de oliva

Una pizca de chile

Una pizca de pimentón

Una pizca de sal marina

Tiempo de Preparación: 10 min

Tiempo de cocción: 10 min

Preparación:

Calentar el aceite en una sartén antiadherente, añadir el pan rallado y freír hasta que quede crujiente y dorado. Sazonar con la sal marina y especias, luego déjalo enfriar.

Cocinar los espárragos en una olla grande con agua hirviendo hasta que estén tiernos. Al mismo tiempo hervir los huevos durante cuatro minutos.

Poner cada huevo en un recipiente para huevos sobre un plato, dividir los espárragos en tres grupos y esparcir las migajas sobre los mismos para servir.

Valor nutricional por porción: 186kcal, 12g de proteínas, carbohidratos 12g (2g fibra, 3g de azúcar), 10g de grasa (2g saturada), 0,75g de sal, 18 % de hierro, 14 % vitamina A, 41 % de vitamina B1, 20% de vitamina B2, 28 % de vitamina K, vitamina B3 10%, Vitamina B9 18 %, vitamina B12 15%.

5. Desayuno licuado

Prueba con un licuado de frutas a primera hora de la mañana si deseas aumentar tus niveles de energía y vitaminas. La combinación de mango y fruta de la pasión conforman un suplemento con sabor exótico.

Ingredientes (2 porciones):

1 banana picada

1 mango pequeño, picado

3 frutas de la pasión

300ml de jugo recién exprimido de naranja

Cubitos de hielo

Tiempo de Preparación: 5 min

Sin cocción.

Preparación:

Coloca la pulpa de los frutos de la pasión en la licuadora, añade el mango, el jugo de naranja y el plátano, licuar hasta que quede suave. Verter en 2 vasos y servir inmediatamente cubierto con cubitos de hielo.

Valor nutricional por porción: 175kcal, 3g de proteínas, carbohidratos 39g (4g de fibra,30g de azúcar), 0,05g de sal, magnesio 12%, vitamina C 30%, vitamina B1 14%, vitamina B2 10%, vitamina B6 22%, Vitamina B9 20%.

6. Barritas de cereal

Prueba con una barra de cereales por la mañana si tienes poco tiempo antes del trabajo. Con 30g de carbohidratos por barra, podrás alcanzar tus requisitos de energía, y su paladar podrá disfrutar de la mezcla de semillas, frutas y cereales.

Ingredientes (6 barras):

100g de avena

50g de mantequilla, más extra para enmantecar

50g de semillas de girasol

25g de nueces picadas

25g de semillas de sésamo

50g de arándanos secos

50g de azúcar mascabada

1 ½ cucharadas de miel

½ cucharadita de canela

Tiempo de Preparación: 15 min

Tiempo de cocción: 35 min

Preparación:

Calentar el horno a 140°C. Enmantecar la base de un molde para hornear.

Mezcla la avena con las nueces y semillas asadas en horno durante 5 minutos.
Caliente la mantequilla, el azúcar y la miel en una cacerola , revolviendo hasta que la mantequilla se haya derretido. Añadir la mezcla de avena, arándanos secos y canela, y mezclar hasta que la avena esté bien cubierta. Volcar en el molde, presionar ligeramente y hornear durante 30 minutos.

Dejar la mezcla enfriar en la lata y luego cortar en seis barras.

Valor nutricional por barra: 294kcal, carbohidratos 30g (fibra 3g, 17g de azúcar), grasas 17g (6g saturada), 0,15g de sal, hierro 10%, vitamina E 15%, 15% vitamina B1.

7. Verduras al horno con huevos.

Las espinacas son famosas por su alto contenido en vitaminas K y es una gran opción para desayunar con huevos y tomates.

Puedes utilizar algunas escamas de chile para especiar.

Pan crujiente

Ingredientes (2 porciones):

2 huevos

200g de tomates picadas

50g de Espinacas

½ cucharadita chile en escamas

Tiempo de Preparación: 5 min

Tiempo de cocción: 15 min

Preparación:

Calentar el horno a 180°C. Marchite las hojas de espinacas, exprima el exceso de agua y dividir entre 2 recipientes pequeños. Mezclar los tomates con las escamas de Chile y algunos condimentos opcionales y luego servir. Hacer un hueco en el centro de cada plato y romper un huevo. Hornear durante 15 minutos y servir.

Valor nutricional por porción: 114kcal, proteínas 9g, carbohidratos 3g (2g fibra, 1g de azúcar), 7g de grasa (2g saturada), 0,45 g de sal, 71% vitamina A, 33% de vitamina C, 150% vitamina K, vitamina B2 15%, 21% Vitamina B9.

8. Crema de avena

Entibia una fría mañana con esta papilla cremosa y saludable. Reemplazar el extracto de vainilla con un poco de canela para ensalzar y darle a la preparación con sabor a manzana un toque especial.

Ingredientes (3 raciones):

100g de avena

100g de arándanos frescos

500ml leche

1 ½ manzana en cubos

2 ½ cucharaditas café azúcar

½ cucharadita de extracto de vainilla

Tiempo de Preparación: 5 min

Tiempo de cocción: 15 min

Preparación:

Cocinar las manzanas en una sartén con 50ml de agua hasta que se ablanden. Sube el fuego y agrega los arándanos, la mitad del azúcar hasta que haga burbujas.

Coloca la avena, la leche, la vainilla y el azúcar restante en un recipiente. Lleva a ebullición agitando constantemente y cocina a fuego lento durante 5 minutos hasta que esté cremosa. Divide entre los 3 tazones de fuente, con la fruta en la parte superior y luego sírvelo.

Valor nutricional por porción: 359kcal, 12g de proteínas, 53g carbohidratos (fibra 5g, 34g de azúcar), 9g de grasa (5g saturada), 0,2 g de sal, 21% de calcio, magnesio del 16%, 13% vitamina C, 23% vitamina B1, 22% vitamina B2, 12% vitamina B12.

9. Magdalenas de fruta

Estos muffins reciben su nombre por una agradable mezcla de frutas secas y frescas, que se puede congelar por hasta 2 semanas sin perder el sabor. Combínalo con una taza de leche de almendras para una experiencia excepcional.

Ingredientes (6 muffins):

110g de harina de trigo integral

1 huevo grande

25g de mantequilla derretida

90ml de leche descremada

1 cucharadita de polvo de hornear

50 ml miel clara

70g de albaricoques secos picados

70gpasas de uva

40g de Arándanos secos

70g de arándanos frescos

½ cucharadita de canela

½ cucharadita de ralladura de naranja

Tiempo de Preparación: 10 min

Tiempo de cocción: 25 min

Preparación:

Precalentar el horno a 200°C. Enmantecar un molde de muffin de 6 hoyos.

Poner la harina y el polvo de hornear en un tazón. En otro bol, bate suavemente el huevo y agrega la mantequilla derretida, miel y leche. Añade la harina y revuelve, sin girar el líquido de mezcla. Vierte la mezcla en la bandeja de muffins y hornea durante 20-25 min hasta que se eleven y doren en la parte superior.

Dejar enfriar unos minutos y luego servir.

Valor nutricional por muffin: 243kcal, 5g de proteínas, carbohidratos 41g (2g de fibra, 10g de azúcar), 8g de grasa (3g saturada), 0,6 g de sal, 13% vitamina A, vitamina B1 11%, 10% de Vitamina B9.

10. Tostadas con aguacate y pavo

No te puedes perder un desayuno con aguacate. Los aguacates, ricos en grasas saludables con un pavo rico en proteína, te harán disfrutar de una comida con una suave textura con una rebanada de pan crujiente.

Ingredientes (2 porciones):

1 aguacate mediano, reducido a la mitad y pisado

2 rebanadas pequeñas de pan de chapata

100g de rebanadas de tocino de pavo de

½ limón (jugo)

Tiempo de Preparación: 10 min

Tiempo de cocción: 5 min

Preparación:

Quitar la pulpa del aguacate en un recipiente, pisar, y preparar el puré con un tenedor.

Tostar el pan de chapata, extender el puré de palta, con Turquía y servir.

Valor nutricional por porción: 208kcal, 15g de proteínas, carbohidratos 12g (2g fibra, 1g de azúcar), 11g de grasa (2g saturada), 1,3 g de sal, 16% vitamina C, vitamina E, 26% y 10% 13% vitamina B6, vitamina K, 20% Vitamina B9.

11. Tortilla de queso en fetas y tomate seco

Una receta realmente rápida, simple, baja en calorías, es perfecta para comenzar un día productivo. Una pizca extra de sabor, utiliza tomates que han sido conservados en una mezcla de aceite de oliva y hierbas italianas.

Ingredientes (2 porciones):

4 huevos, ligeramente batidos

50g de queso de queso feta, desmenuzado

8 tomates semi secos, picados más o menos

1 cucharada de aceite de oliva

Ensalada mixta de hojas, para servir

Tiempo de Preparación: 5 min

Tiempo de cocción: 5 min

Preparación:

Calentar el aceite en un sartén pequeño antiadherente, luego añadir los huevos y cocinar, Revolver con cuchara de madera. Cuando los huevos estén pegajosos en el medio, añadir los tomates y las fetas, luego doblar la tortilla por la mitad. Cocinar por 1 minuto y luego deslízala en un plato. Corte por la mitad, dividir entre 2 placas y servir con una mezcla de ensaladas.

Valor nutricional por porción: 300kcal, proteína 18g, 20g de grasa (saturada 7), 5g carbohidratos (1g de fibra, 4g de azúcar), 1,8 g de sal, calcio 15%, 22% vitamina D, 20% vitamina A, 15% vitamina C, vitamina B12 25%.

ALMUERZO

12. Muslos de pollo asado al romero

Rico en proteína, un sabroso plato a la plancha con jugo de limón, patatas y un surtido de ingredientes que cubren un amplio abanico de vitaminas y minerales.

Ingredientes (2 porciones):

4 muslos de pollo

250g de patatas pequeñas, cortadas a la mitad.

1 Racimo grande de espárrago, descartando los extremos.

½, cabeza de ajo, con los dientes separados y pelados

½ limón

1 cucharadita de aceite de oliva

Un puñado de ramitas de Romero

Una pizca de sal

Pimienta negra molida

Tiempo de Preparación: 10 min

Tiempo de cocción: 45min

Preparación:

Calentar el horno a 180°C. Poner las papas, espárragos, ajos, sazonador (al gusto) y aceite en un gran asador. Exprima el limón

Por todo el plato y corta las rodajas de limón en trozos dejándolas allí. Mezcla todo, cubre el plato con papel de aluminio y ponlo a asar durante unos 15 minutos.

Retirar la hoja, añadir los muslos de pollo sazonados con una pizca de sal y mucha pimienta y luego asar por otros 30 min. Cuando el pollo esté crujiente y cocido y las patatas estén tiernas se dividen entre 2 porciones y se sirve.

Valor nutricional por porción: 509kcal, proteínas 30g carbohidratos 32g (6g de fibra, 5g de azúcar), 24g de grasa (6g saturada), 0,3 g de sal, hierro 14%, 14% magnesio, 48% vitamina A, 25% vitamina K, 15% vitamina B1, vitamina B2 15%, 34% de vitamina B3, 35% vitamina B6, 12% Vitamina B9.

13. Pastel de carne

Una excelente fuente de B12, este plato de carne picada con un contenido bajo en grasas y alto en proteínas te hará sentir satisfecho hasta la cena y también te dará la energía que necesitas la tarde entera.

Ingredientes (4 porciones):

500g de Picadillo de res extra magra

140g de setas bebé cortadas a la mitad

500ml de caldo de res

1 cebolla finamente picada

140g de harina leudante

4 cucharadas de yogur natural de bajo contenido en grasa

2 cucharadas de harina

140g de arvejas congeladas

1 cucharada de tomillo picado

Un poco de salsa Worcestershire batida.

Tiempo de Preparación: 20 min

Tiempo de cocción: 50 min.

Preparación:

Calentar el horno a 160°C.

Calienta una sartén grande antiadherente sobre fuego alto y pon a freír la carne picada. Revuelve con frecuencia y cocina hasta que se dore. Añade los champiñones y la harina, luego el caldo de carne y salsa Worcestershire. A fuego lento y cocinando durante 10 minutos.

Mezcla la harina leudante y el tomillo en un bol. Agrega el yogurt y suficiente agua fría para formar una masa similar a la de scones. Corta las porciones sobre una superficie ligeramente enharinada. El espesor debe ser de unos 1,5 cm y los círculos deben ser aproximadamente de 12 x 5 cm.

Añadir los guisantes a la mezcla de carne picada de ternera, luego transferir a una fuente para horno. Colocar las porciones sobre la mezcla y hornear durante 25 minutos hasta que queden de un color oro marrón.

Divide en 4 platos y sírvelo.

Valor nutricional por porción: 349kcal, 35g de proteínas, carbohidratos 38g (fibra 4g, 5g de azúcar), 7g de grasa (3g saturada), 1g de sal, hierro del 31%, 13% magnesio, 15% 11% vitamina A vitamina C, 12% vitamina K, 38% vitamina

B1, vitamina B2 38%, 55% vitamina B3, vitamina B6 30%, 31% de Vitamina B9, vitamina B12 de 48%.

14. Salmón y espinacas

Rico en ácidos grasos, omega 3 y proteínas de buena calidad, el salmón es la elección de pescado perfecto para un plato principal. Combínalo con espinacas y condimenta con abundante nata para lograr el almuerzo saludable que necesitas.

Ingredientes (2 porciones):

2 filetes de salmón sin piel

250g de Espinacas

2 cucharadas de nata reducida en grasas

1 cucharadita de alcaparras escurridas

1 cucharadita de aceite de oliva

½ limón (jugo)

2 cucharadas de perejil picado

Una pizca de sal marina

Pimienta negra a gusto

Tiempo de Preparación: 5 min

Tiempo de cocción: 12 min

Preparación:

Calentar el aceite en una sartén, sazonar el salmón con un poco de sal y pimienta por ambos lados y freír por 4 minutos por cada lado hasta que la carne se desmenuce fácilmente. Apártalo en un plato.

Coloca las hojas de espinaca en la sartén caliente, luego cúbrelo y déjalo marchitarse por 1 minuto, coloca las espinacas sobre el plato con una cuchara, luego cubre con el salmón.

Calienta suavemente la nata en la sartén con un chorrito de zumo de limón, las alcaparras y el perejil. Ten cuidado de no dejarlo hervir. Vierte la salsa sobre el pescado y las espinacas, estará listo para servir.

Valor nutricional por porción: 321kcal, 32g de proteínas, carbohidratos 6g (3g de fibra, 3g de azúcar), 20g de grasa (5g saturada), 0,8 g de sal, calcio 14%, hierro 25%, 35% magnesio, 239% vitamina A, 58% 20% vitamina C vitamina E, 756% vitamina K, 24% vitamina B1, 20% vitamina B2, vitamina B3 de 61%, 26% vitamina B6, 80% vitamina B12.

15. Ratatouille de pollo

Una receta de pollo clásica, cuenta con proteínas de alta calidad y una mezcla de verduras que reúnen sabor y muchas vitaminas y minerales.

Ingredientes (2 porciones):

2 pechugas de pollo sin piel

½ berenjena pequeña, cortada en trozos

½ calabacín

1 cebolla pequeña, cortada en cuñas

2 tomates, cortados a la mitad

1 pimiento rojo, cortado en trozos

2 cucharadas de aceite de oliva, más extra para rociar

Unas ramitas de Romero

Una pizca de sal

Pimienta negra molida

Tiempo de Preparación: 25 min

Tiempo de cocción: 35 min

Preparación:

Calentar el horno a 200°C. Coloca todas las verduras en una asadera poco profunda. Vierte sobre los vegetales el aceite de oliva y utiliza tus manos para cubrir todos los ingredientes .

Pon las pechugas de pollo sobre las verduras y agregar las ramitas de Romero. Sazona todo con sal y pimienta y salsea el pollo con un poco de aceite. Debes asarlo durante unos 35 minutos y luego servir.

Valor nutricional por porción: 318kcal, 37g de proteína, cangrejos 13g (4g de fibra), 14g de grasa (2g saturada), 0,25 g de sal, hierro de 11%, magnesio 20%, 60% vitamina A, 177% vitamina C, 20% 33% vitamina E vitamina K, 16% vitamina B1, 17% vitamina B2, vitamina B3 de 77%, 57% vitamina B6, 24% de Vitamina B9.

16. Ensalada de atún

Delicioso plato, tanto caliente como frío, esta ensalada de atún es una gran opción. Con una buena ración de vitamina B12, esta comida potenciará tu sistema inmunológico mientras disfrutarás de mucho sabor.

Ingredientes (4 porciones):

160g atún en agua, escurrido

300g de patatas pequeñas

175g de frijoles de soja congelados

175g de ejotes, cortados a la mitad

Un puñado de rúcula

Para la salsa:

2 cucharadas de aceite de oliva

1 cucharada de vinagre de vino tinto

2 cucharadas de pasta de harissa

Tiempo de Preparación: 10 min

Tiempo de cocción: 15 min

Preparación:

Hervir las patatas hasta que queden tiernas. Añade las habas y cocinar por otros 5 minutos.

Bate la harissa y el vinagre en un tazón pequeño con un poco del condimento, luego batir en el aceite hasta que la salsa haya espesado.

Escurre bien las patatas, poner en medio de la preparación y dejar que se enfríen.

Desmenuza el atún y luego ponlo en las patatas. Agrega el aderezo restante y mezcla delicadamente. Divide entre 4 tazones y sirve cada porción.

Valor nutricional por porción: 211kcal, 15g de proteínas, carbohidratos 19g (4g fibra, 2g de azúcar), 9g de grasa (1g saturada), 0,15 g de sal, 11% de calcio, hierro 25%, 30% magnesio, 63% 37% vitamina C vitamina E, 28% 21% vitamina B1, 18% de vitamina B2, vitamina K, 64% de vitamina B3, 42% vitamina B6, Vitamina B9, de 72% 38% vitamina B12.

17. Carne de res guisada

Podría tomarte un tiempo para preparar este guiso delicioso, pero están sabroso y suculento que definitivamente vale la pena. También puedes preparar un poco más y congelar.

Ingredientes (4 porciones):

500g de estofado de carne de res, cortado en trozos grandes

400 gr de tomates picados

1 cebolla, picada

200g de habas, enjuagadas y escurridas

1 cucharadita de pimentón dulce

1 cucharadita de comino molido

1 cucharadita de chile en polvo

1 cucharada de vinagre de vino blanco y rojo

1 cucharada de azúcar impalpable

Tiempo de Preparación: 10 min

Tiempo de cocción: 3 horas

Preparación:

Calentar el horno a 140°C. Mezcla la carne vacuna, tomates, cebollas, vinagre, azúcar y especias en una cazuela. Cúbrelo y hornea durante 2 horas y media. Saca el plato del horno, agrega los frijoles y hornea durante 30 minutos más, mantén la tapa cerrada para que la cazuela sea jugosa y abierta si deseas mayor consistencia. Saca del horno cuando la carne esté tierna y sírvelo caliente.

Valor nutricional por porción: 341kcal, 42g de proteína, 18g carbohidratos (fibra 4g, 11g de azúcar), 12g de grasa (5g saturada) 0,95 g de sal 23% de hierro, 14% magnesio, 24% vitamina C, 10% vitamina B1, 11% vitamina B2, 43% vitamina B3, vitamina B6 40%, 22% vitamina B12.

18. Coles al vapor

La lubina negra es otro pez que se carga con los ácidos grasos omega 3. Junto con la col verde que trae un montón de vitaminas al preparado, este pescado es una gran y sabrosa opción de almuerzo.

Ingredientes (2 porciones):

2 filetes de lubina

300g de col verde finamente rallado

1 chile rojo, bien picado

2 dientes de ajo finamente rebanados

2 cucharaditas de aceite de oliva

1 cucharadita de jengibre de raíz fresca

1 cucharadita de aceite de sésamo

2 cucharaditas de salsa de soja baja en sodio

Una pizca de sal

Tiempo de Preparación: 10 min

Tiempo de cocción: 10 min

Preparación:

Espolvorear el pescado con el jengibre, el Chile y sal. Hervir la col durante 5 minutos y luego poner el pescado encima de la col y cocer al vapor durante otros 5 minutos.

Calienta el aceite en una olla pequeña y cocina el ajo hasta que dore ligeramente.

Coloca el pescado y col sobre el recipiente y rocía con la salsa de soja. Vierte encima el aceite al ajo y sírvelo.

Valor nutricional por porción: 188kcal, 23g de proteínas, carbohidratos 11g (4g de fibra, 7g de azúcar), grasas 8g (1g saturada), 0,8 g de sal, magnesio del 16%, 92% vitamina C, 147% vitamina K, 15% vitamina B1, vitamina B2 12%, 11% vitamina B3, vitamina B6 35%, 13% Vitamina B9.

19. Minestrón

Prueba esta sopa de 15 min que es alta en energías debido a la pasta. El pesto y el agregado de queso parmesano lo harán sabroso y colorido.

Ingredientes (2 porciones):

500ml de caldo de verduras caliente

50g de espaguetis de trigo integral fino, roto en pedazos cortos

180g de verduras mixtas congelada

1 lata de tomate picado de 200g

2 cucharadas de pesto

Queso de parmesano - estilo vegetariano, rallado grueso para servir

Tiempo de Preparación: 5 min

Tiempo de cocción: 10 min

Preparación:

Pon el caldo a hervir con los tomates, luego añadir los espaguetis y cocinar hasta que esté listo. Unos minutos antes de que la pasta esté lista, agrega las verduras y poner nuevamente a hervir, luego cocina a fuego lento hasta que todo esté a punto.

Rocía con el pesto, espolvorea con queso parmesano y sírvelo.

Valor nutricional por porción: 200kcal, 8g de proteínas, 5g de grasa, 30g carbohidratos (fibra 6g, 8g de azúcar), 0,55 g de sal,12% de hierro, vitamina de 18% 11% magnesio, 81% vitamina A, C.

20. Ensalada de pollo

Esta ensalada de pollo simple, es un buen ejemplo de una comida rápida que puedes cargar y llevar. La mezcla de verdes, pollo, aceite de pescado y azúcar es una mezcla fascinante.

Ingredientes (2 porciones):

2 pechugas de pollo sin piel

½ cebolla roja, finamente rebanada,

½ pepino, en rodajas

200g de mezcla de hojas de ensalada

2 cucharadas de salsa de pescado

1 cucharada de azúcar impalpable

1 ají picado y rebanadas delgadas

1 limón (ralladura y jugo)

Un gran puñado de cilantro picado

Tiempo de Preparación: 10 min

Tiempo de cocción: 15 min

Preparación:

Cubre el pollo con agua fría, hierve y cocina durante 10 minutos. Cuando el pollo esté hecho, córtalo en fragmentos.

Mezcla la salsa de pescado, azúcar, jugo de limón y ralladura hasta que se disuelva el azúcar.

Divide las hojas y el cilantro entre las placas, con el pollo, cebolla, pimiento y pepino, para luego colocar encima el aderezo y sírvelo.

Valor nutricional por porción: 218kcal, 38g de proteínas, carbohidratos 12g (10g de fibra, 3g de azúcar), 2g de grasa, 11% de hierro, magnesio 14%, 149% vitamina A, 39% vitamina C, 232% vitamina K, 12% vitamina B1, 12% vitamina B2, 68% de vitamina B3, vitamina B6 de 38%, 13% Vitamina B9.

21. Espaguetis con sardinas

Las sardinas son deliciosas y ricas en vitamina B12. Combinadas con espaguetis y bañadas con una salsa de tomate al ajo, crean un buen balance de vitaminas, proteínas y carbohidratos. La infusión de energía ideal.

Ingredientes (2 porciones):

200g de espaguetis de trigo integral

95g de sardinas sin piel y sin espinas en salsa de tomate

1 x 100g lata de tomates picados

50g aceitunas negras, picadas medianas

1 diente de ajo machacado

1 cucharadita de alcaparras escurridas

1 cucharadita de aceite de oliva

Una pizca de hojuelas de Chile

Un puñado de perejil picado

Tiempo de Preparación: 5 min

Tiempo de cocción: 15 min

Preparación:

Cocina los espaguetis según las instrucciones del paquete.

Calienta el aceite en una sartén y cocina el ajo por 1 minuto, añade las sardinas, tomates, escamas del Chile, revolviendo con una cuchara. Calienta 2-3 min y luego agrega las alcaparras, aceitunas y la mayoría del perejil. Mezcla bien.

Escurre la pasta, reserva unas cucharadas de agua. Añade la pasta a la salsa, mezcla bien y vierte en el agua reservada si la salsa queda un poco espesa. Divide entre 2 tazones, espolvorear con el resto del perejil y sírvelo.

Valor nutricional por porción: 495kcal, 21g de proteínas, 77g carbohidratos (fibra 5g, 5g de azúcar), 14g de grasa (2g saturada), 1,1 g de sal, calcio 15%, 18% de hierro, 18% de magnesio, 58% vitamina D 12% vitamina B2, 21% de vitamina B3, vitamina B6 10%, 70% vitamina B12.

22. Pollo al Curry con mantequilla de maní

Este curry de pollo es rico en vitamina B3 y proteínas de alta calidad. Sírvelo con arroz al vapor que va bien con la salsa de mantequilla de maní y aporta carbohidratos si los necesitas.

Ingredientes (2 porciones):

2 pechugas de pollo sin piel, cortadas en trozos

100g yogur griego

75ml de caldo de pollo

2 ½ cucharadas de mantequilla de maní

1 ají pimiento rojo, pequeño, picado

1 diente de ajo pequeño

¼ de un jengibre de raíz fresca de longitud del dedo, picado

1 cucharadita de aceite de oliva

Un manojo pequeño de cilantro, tallos de picado

Tiempo de Preparación: 5 min

Tiempo de cocción: 15 min

Preparación:

Corta una cuarta parte de la pimienta del Chile, luego coloca el resto en un procesador de alimentos con el ajo, tallo de cilantro, 1/3 de las hojas y el jengibre. Hacer una pasta y añadir un chorrito de agua si fuese necesario.

Calienta el aceite en una sartén y dora rápidamente el pollo durante 1 minuto, mezcla con la pasta durante 1 minuto y añade el yogur, el caldo y la mantequilla de maní. Cocina por otros 10 minutos hasta que haya espesado la salsa y el pollo este cocinado por dentro.

Valor nutricional por porción: 358kcal, proteínas 43g, 4g carbohidratos (1g fibra, 3g de azúcar), 19g de grasa (6g saturada), 0,7 g de sal, magnesio 14%, 76% de vitamina B3, vitamina B6 de 36%.

23. Ensalada marrón de arroz y salmón

Una receta picante que tiene la combinación ideal de proteína magra, grasas saludables y carbohidratos de liberación lenta. La ensalada de salmón y arroz es alta en vitaminas y tiene un sabor oriental de soya.

Ingredientes (2 porciones):

1 filete de salmón sin piel

100g de arroz basmati marrón

100g de frijoles de soja (de los congelados)

2 cucharaditas de salsa de soja baja en sodio

1 pepino, cortado en dados

½ Chile rojo, picado

½ limón (ralladura y jugo)

Un pequeño manojo de cebolletas en rodajas

Un manojo pequeño de cilantro, picado más o menos

Tiempo de Preparación: 15 min

Tiempo de cocción: 25 min

Preparación:

Cocina el arroz siguiendo las instrucciones del paquete, y 3 minutos antes de que se haga, añade las habas de soja. Escurre y enfría bajo un chorro de agua fría.

Pon el salmón en un plato y al microondas alto hasta que estén cocidas (aproximadamente 3 min). Primero del lado escamado y luego dóblalo suavemente, con las cebolletas, pepino, cilantro, arroz y frijoles.

Mezclar el jugo de limón y la ralladura, la soja y chile en un tazón separado, vierte sobre el plato de arroz y sírvelo.

Valor nutricional por porción: 497kcal, 34g de proteínas, 61g carbohidratos (5g de fibra, 6 g de azúcar), 15g de grasa (3g saturada), 1,5 g de sal, calcio 10%, 19% de hierro, magnesio 31%, 14% 24% vitamina A vitamina C, 146% vitamina K, 32% vitamina B1, vitamina B2 16%, 63% vitamina B3, 22% vitamina B6, Vitamina B9, de 49% 80% vitamina B12.

CENA

24. Lentejas con berenjenas

Una cena de vitaminas y fibra, las lentejas Dal con berenjena a la plancha componen una forma original de combinar variedad de verduras, condimentadas con especias de la india.

Ingredientes (2 porciones):

100g de lentejas enjuagadas

1 berenjena mediana, cortada en rodajas (2 cm)

1 cebolla mediana finamente rebanada

1 diente de ajo, finamente picado

3 cm de jengibre rallado

1 cucharada de pasta de Tamarindo

2 cucharadas de aceite de oliva

1 cucharadita de cúrcuma

1 cucharadita de curry en polvo

¼ cucharadita de sal

Una pizca de pimienta negra molida

Tiempo de Preparación: 10 min

Tiempo de cocción: 25 min

Preparación:

Vierte 500 ml de agua sobre las lentejas, la pasta de tamarindo y la cúrcuma. Agrega un poco de sal y hierve hasta que quede suave, asegurándote de que a la capa superior se le forme espuma en la superficie.

Calienta 1 cucharada de aceite y cocina la cebolla, el jengibre y el ajo hasta que estén dorados. Añade el polvo de curry y cocina durante otros 2 minutos, vierte la mezcla de lentejas y cocina durante 10 minutos.

Calienta un sartén o plancha bien caliente. Frota 1 cucharada de aceite sobre las rodajas de berenjena y sazona con la pimienta negra y el resto de la sal. Cocina durante 2 minutos por cada lado. Coloca la mezcla de lentejas en un plato, encima las rodajas de berenjena a la plancha y sírvelo.

Valor nutricional por porción: 325kcal 15g de proteínas, carbohidratos 41g (7g de fibra, 10g de azúcar), 13g de grasa (1g saturada), 0,75 g de sal, 24% de hierro, magnesio 25%, 14% 23% vitamina E vitamina K, 36% vitamina B1, vitamina B2 12%, 14% de vitamina B3, 26% vitamina B6, 75% Vitamina B9.

25. Espagueti picante

Fácil de preparar, baja en grasa y rico en nutrientes mediante las verduras. Para un sabor más picante, utiliza el chile rojo a tu gusto.

Ingredientes (4 porciones):

300g de espaguetis de trigo integral

250g de setas de castañas en láminas

1 x 400 grs lata de tomates picados

1 diente de ajo, finamente rebanado

1 cebolla mediana, finamente picada

1 ramita de apio, finamente picado

½ Chile rojo, bien picado

2 cucharadas de aceite de oliva

Un manojo pequeño de perejil, (las hojas picadas)

Una pizca de sal

Tiempo de Preparación: 10 minutos

Tiempo de cocción: 15 minutos

Preparación:

Cocina los espaguetis según las instrucciones en el paquete, luego escúrrelos.

Calienta 1 cucharada de aceite en una sartén, añade las setas y fríelas durante 3 minutos hasta que se ablanden. Añade el ajo, fríe por 1 minuto más y luego vuelca la mezcla en un cuenco con el perejil.

Calienta el resto del aceite, añade el apio y la cebolla y cocina por 5 minutos revolviendo junto a los tomates, ají y un poco de sal. Lleva a ebullición, reduce el calor y hierve durante 10 minutos, destapado, hasta que la salsa haya espesado.

Mezcla los espaguetis con la salsa con los champiñones y sírvelo.

Valor nutricional por porción: 346kcal, 12g de proteínas, 62g carbohidratos (fibra 5g, 7g de azúcar), grasas 7g (1g saturada), 0,35 g de sal, hierro 22%, 15% magnesio, 19% vitamina C, 10% 12% vitamina E vitamina K, 51% vitamina B1, 33% de vitamina B2, vitamina B3 de 40%, 11% vitamina B6, 49% Vitamina B9.

26. Canelos de tofu y espinacas

Esta sabrosa comida de tofu y espinaca es el mejor amigo de un vegetariano. Lleno de vitaminas y minerales, este plato es delicioso y sano, y tiene el valor añadido de congelarse.

Ingredientes (6 porciones):

300g de hojas de lasaña

350g de tofu sedoso

400g de Espinacas

2 x 400g latas de tomates picados

3 dientes de ajo finamente picados

1 cebolla grande picada

50g de piñones picado

4 cucharadas de pan rallado fresco

2 cucharadas de aceite de oliva

Una pizca de nuez moscada rallada

Pimienta al gusto

Tiempo de Preparación: 25 minutos

Tiempo de cocción: 1 h

Preparación:

Calienta el aceite de oliva en una sartén, añade la cebolla y 1/3 de los ajos y fríelo hasta que se ablande. Vierte los tomates, pon a hervir, luego reduce el calor y cocina durante 10 minutos hasta que la salsa haya espesado.

Calienta el aceite restante y cocina otro 1/3 de los ajos durante 1 minuto, añádelas espinacas y piñones. Cocina hasta que las espinacas se ablanden luego quita el exceso de líquido.

Mezcla el tofu con una batidora hasta que quede suave y luego mezcla con las espinacas, nuez moscada y algo de pimienta. Retira del fuego y deja que se enfríe un poco.

Calienta el horno a 200 fan / gas 6. Vierte la mitad de la salsa de tomate en una fuente refractaria. Extiende las hojas de lasaña en un plato, divide la espinaca entre ellas luego ponlas para arriba y colocar sobre la salsa. Vierte encima la salsa restante y hornea por 30 minutos.

Mezcla las migas con el resto de los ajos y los piñones, espolvorea por encima del plato, rocía con el aceite restante y hornea por 10 minutos hasta que las migas estén doradas. Sírvelo tibio.

Valor nutricional por porción: 284kcal, 13g de proteínas, carbohidratos 30g (4g de fibra, 6g de azúcar), 13g de grasa (2g saturada), 0,65 g de sal, calcio 25%, 30% de hierro, magnesio 29%, 129% vitamina A, 52% 19% vitamina C vitamina E, 417% vitamina K, 15% vitamina B1, vitamina B2 16%, 13% vitamina B3, 13% vitamina B6, 41% de Vitamina B9.

27. Judías verdes y pasteles de maíz

Prueba estos buñuelos vegetarianos hechos con cebollas, habas y maíz dulce. Sírvelo acompañado de col, cremoso aguacate y salsa dulce para deleitar tu paladar

Ingredientes (2 porciones):

1 x 200gnúcleos de maíz dulce, cocidos y escurridos

25g de ejotes picados

50g de harina leudante

1 aguacate pequeño, cortado en dados

125g de mermelada de Chile Tracklemans

½ Chile rojo, picado finamente

1 huevo grande, batido

2 cebolletas, picadas

40ml de leche

½ limón (jugo)

1 cucharada de aceite de oliva

Un pequeño puñado de hojas de cilantro

Una pizca de sal

Una pizca de pimiento negra

Tiempo de Preparación: 10 min

Tiempo de cocción: 10 min

Preparación:

Mezcla los huevos, la leche, el maíz dulce, las cebollas, los frijoles, la harina, el medio Chile, la mitad del cilantro y algunos condimentos en un tazón grande. Mezcla el aguacate con el resto del cilantro, ají y jugo de limón.

Calienta el aceite de oliva en una sartén antiadherente y pon una cucharada en 3 montones de la mezcla de maíz, un poco espaciados. Cuando dore por un lado, voltéalo y cocina por el otro durante 2 minutos, repetir con la masa restante. Servir las tortas calientes con la salsa de mermelada y ají de aguacate.

Valor nutricional por porción: 353kcal, 9g pro, 35g glúcidos (fibra 5g, azúcar 8g), 20g grasa (4g saturadas, 0,8 g de sal, 13% hierro, 17% vitamina C, 21% vitamina K, 18% vitamina B1, vitamina B2 16%, 16% vitamina B3, 13% vitamina B6, 38% Vitamina B9.

28. Risotto al romero

Da un giro interesante a una receta de risotto añadiendo las alcachofas, piñones tostados y una abundante ración de agujas de Romero para disfrutar de una cena con maravilloso sabor.

Ingredientes (2 porciones):

70g de arroz de risotto Arborio

200g alcachofas de lata en agua; escurridas y cortadas a la mitad

1 cebolla morada, rebanada en gajos delgados

1 pimiento rojo, cortado en trozos

75ml de vino blanco

400ml de caldo de verduras bajo en sal

1 cucharada de piñones tostados

1 cucharada de parmesano rallado

1 cucharadita de aceite de olive

1 cucharada de agujas de Romero

Una pizca de sal

Tiempo de Preparación: 15 min

Tiempo de cocción: 35 min

Preparación:

Calienta el aceite en un wok. Cocina las cebollas a fuego medio durante 6-7 minutos hasta que se suavicen y doren. Añade los pimientos y el Romero y cocina durante otros 5 minutos, luego echa el arroz y revuele. Vierte el vino y la mitad de la preparación, pon a hervir, luego reduce al calor y hierve suavemente hasta que casi todo el líquido se absorba. Agregue el resto de la preparación y procede igual que en el detalle anterior. Añade las alcachofas y cocina a fuego lento otra vez hasta que el arroz esté tierno.

Sazona con una pizca de sal, revuelve el queso parmesano y ½ de los piñones. Esparce encima los piñones restantes y sírvelo.

Valor nutricional por porción: 299kcal, 9g de proteínas, carbohidratos 44g (4g de fibra, 9g de azúcar), 10g de grasa (2gsaturated), 0,7 g de sal, magnesio 18%, 86% vitamina C, 11% vitamina K, vitamina B1 15%, 12% de vitamina B3, vitamina B6 20%.

29. Ensalada de queso azul y peras

Las jugosas peras, su sabor dulce con la robustez del queso azul y la vinagreta de miel hacen el contraste en esta fabulosa ensalada. Añade un puñado de hojas de rúcula que le darán color y vitaminas.

Ingredientes (2 porciones):

2 peras firmes, maduras, cortadas longitudinalmente en rodajas de 1 cm

75g queso azul desmenuzado

1 cucharada de aceite de oliva

1 cucharadita de miel

1 cucharadita vinagre de vino blanco

120g de hojas de ensaladas mixtas

Tiempo de Preparación: 10 min

Tiempo de cocción: 15 min

Preparación:

Rocía las peras con un poco de aceite. Calienta una sartén o plancha, cocina las peras durante 1 minuto por cada lado y aparta y deja enfriar.

Mezcla el resto del aceite, la miel y el vinagre. Mezcla las peras con el queso y las hojas, y luego dividir en 2 platos, rocía con el aderezo y sírvelo.

Valor nutricional por porción: 259kcal, 8g proteína, 24g carbohidratos (fibra 5g, 19g de azúcar), grasas 17g (8g saturada), 1,2 g de sal, calcio 20%, 13% vitamina A, 14% 31% vitamina C vitamina K, vitamina B2 11%, 11% Vitamina B9.

30. Polenta al honro

Este festival italiano de vitaminas y minerales es nutritivo y delicioso. Personaliza este plato según tu gusto combinando el queso de cabra con el queso azul, parmesano o Cheshire.

Ingredientes (4 porciones):

500g de polenta de cocción rápida

2 x 400g latas de tomates picados

100g de queso de cabra con corteza, roto en trozos

300g de espinacas frescas

3 dientes de ajo picados

1 cucharada de aceite de oliva

Una pizca de sal

Tiempo de Preparación: 20 min

Tiempo de cocción: 20 min

Preparación:

Calentar el horno a 220°C y poner la olla a hervir. En un bol, mezclar los tomates con el ajo y sal, luego vierte en una fuente para hornear grande. Debes marchitar la espinaca, lego enjuaga con agua fría y exprime todo el líquido sobrante

Pica la espinaca en trozos medianos y la dispérsala sobre los tomates.

Corta la polenta y luego coloca las piezas encima de las espinacas. Rocía con el aceite y hornea durante unos 15 minutos dispersando el queso sobre lo preparado y volver a 5 minutos de horno, luego sírvelo caliente.

Valor nutricional por porción: 240kcal, 12g de proteínas, 26g carbohidratos (fibra 6g, 7g de azúcar), 10g de grasa (5g saturada), 1,6 g de sal, calcio 25%, 110% de hierro, 23% magnesio, 169% vitamina A, 61% vitamina C, 18% 462% vitamina E vitamina K, 11% vitamina B1, vitamina B2 28%, 12% de vitamina B3, 1% vitamina B6, 39% Vitamina B9.

31. Tajín de verduras

Saludable y completo, este plato vegetariano con garbanzos, calabacín y guisantes, es una mezcla que está coronada por una atrevida combinación de especias y una porción dulce dada por las pasas de uva.

Ingredientes (2 porciones):

200g de garbanzos enjuagados y escurridos

1 calabacín grande cortado en trozos

1 cebolla, picada

1 tomate, picado

150g arvejas congeladas

200ml de caldo de verduras

2 cucharadas de pasas

1 cucharada de aceite de oliva

¼ de cucharadita de tierra canela

¼ de cucharadita cilantro de tierra

¼ de cucharadita de comino molido

Cilantro picado, para servir

Tiempo de Preparación: 10 min

Tiempo de cocción: 20 min

Preparación:

Calienta el aceite en una sartén y fríe la cebolla durante 5 minutos hasta que estén suaves. Añade las especias, el tomate, el calabacín, los garbanzos, las pasas y llevar a ebullición. Cubre y cocina a fuego lento durante 10 minutos, luego agrega los guisantes y cocina 5 min más espolvoreando con cilantro y estará listo para servir.

Valor nutricional por porción: 246kcal, 12g de proteínas, carbohidratos 36g (9g de fibra, azúcar 19g), 9g de grasa (1g saturada), 0,55 g de sal, 13% de hierro, magnesio de 21%, 44% vitamina K, 25% vitamina B1, vitamina B2 22%, 13% vitamina B3, 52% vitamina B6, 45% Vitamina B9.

32. Quínoa picante

La quinua o quínoa es una buena fuente de proteína vegetal y de agradable sabor, aquí con queso en fetas y almendras tostadas. Disfruta el plato picante con sabor a limón y la abundante cantidad de vitaminas y magnesio.

Ingredientes (2 porciones):

150g de quínoa enjuagada

50g de queso de queso feta desmenuzado

25g de almendras en copos tostadas

¼ de limón en forma de jugo

¼ de cucharadita de cúrcuma

½ cucharadita de cilantro molido

1 cucharadita de aceite de oliva

Un puñado de perejil picado más o menos

Tiempo de Preparación: 10 min

Tiempo de cocción: 15 min

Preparación:

Calienta el aceite en una cacerola, añade las especias y fríe hasta que huela bien. Agrega la quinua y fríe por otro minuto hasta que puedas escuchar pequeños estallidos. Agrega 300 ml de agua hirviendo y hierve suavemente durante unos 10 minutos hasta que el agua se haya evaporado y los granos tengan un halo blanco alrededor de ellos. Permite que se enfríe un poco y luego remueve los ingredientes y estará listo para servir.

Valor nutricional por porción: 404kcal, 17g de proteínas, carbohidratos 44g (1g de fibra, 6 g de azúcar), 19g de grasa (4g saturada), 0,7 g de sal, 15% calcio, 19% de hierro, magnesio 37%, 11% vitamina E, 20% vitamina B1, vitamina B2 de 37%, 23% vitamina B6, 36% Vitamina B9.

33. Pastel de verduras

Prueba este pastel cargado de vitamina A aportado por una gran variedad de verduras. La corteza del puré de patatas es ingeniosa, mientras que el relleno es un verdadero placer.

Ingredientes (4 porciones):

900g de patatas cortadas en trozos

200g de arvejas congeladas

½ coliflor en ramitos

300g de zanahorias cortadas en bastones pequeños

1 x 400 grs lata de tomates picados

4 dientes de ajo finamente rebanados

2 cebollas en rodajas

200ml de leche

1 ramita de hojas de Romero finamente picado

1 cucharadita de harina

1 cucharada de aceite de oliva

Una pizca de sal

Tiempo de Preparación: 15 min

Tiempo de cocción: 45 min

Preparación:

Calienta 1 cucharadita de aceite en un recipiente sobre fuego medio. Añade las cebollas y cocina hasta que se ablanden, luego agrega la harina y cocina durante otros 2 minutos y agrega la coliflor, las zanahorias, el ajo y el Romero. Cocina por 5 min, revolviendo regularmente.

Coloca el tomate y una taza de agua. Cubre con una tapa y cocina a fuego lento durante 10 minutos, luego retire la tapa y cocina otros diez minutos hasta que haya espesado la salsa y los vegetales estén cocidos. Condimenta, revuelve los guisantes y cocina un minuto más.

Hierve las patatas, escurre y triturarlas. Revuelve con suficiente leche para llegar a una consistencia suave y luego agrega el aceite de oliva restante.

Calienta la parrilla, con una cuchara mezcla la verdura (caliente) en un plato de pastel, con el puré de papas ponlo a dorar unos minutos hasta que la parte superior sea de marrón de oro. Sírvelo caliente.

Valor nutricional por porción: 388kcal, 15g de proteínas, 62g carbohidratos (11g de fibra, 18 gramos de azúcar), 8g de grasa (2g saturada), 0,3 g de sal, calcio 17%, 24% hierro, 47% magnesio, 263% vitamina A, 51% vitamina K, 32% vitamina B1, vitamina B2 21%, 25% de vitamina B3, 55% vitamina B6, 34% Vitamina B9.

34. Ensalada de lentejas y calabaza

Esta ensalada vibrante se compone de una lata de lentejas y calabaza jugosa. El resultado es una ensalada alta en fibra que contiene el valor de más de un día de vitamina A, K y B9.

Ingredientes (2 porciones):

500g calabaza cortada en trozos

1 x 400g puede lentejas de Puy en agua y escurridas

50g de espinacas

70g tomatitos cortados a la mitad

1 diente de ajo, machacado

¼ cebolla morada en rebanada

20g de queso de Cheshire desmenuzado

1 cucharadita de hojas de tomillo

1 cucharadita de vinagre balsámico

½ cucharadita de mostaza integral

1 cucharada tostada de semillas de calabaza

1 cucharadita de aceite de oliva

Una pizca de sal

Tiempo de Preparación: 10 min

Tiempo de cocción: 30 min

Preparación:

Calienta el horno a 180°C. Mezcla la calabaza con la mitad del aceite de oliva, un diente de ajo, condimento y hojas de tomillo en un recipiente para hornear y asar durante 25 minutos o hasta que estén tiernos.

Mezcla el vinagre, la mostaza, 1 cucharada de agua y el resto del aceite de oliva. Mezcla las lentejas con aliño, cebolla, tomates cherry y espinacas.

Divide las lentejas en dos platos, luego tapa con la calabaza, las semillas de calabaza y el queso de Cheshire y luego sírvelo.

Valor nutricional por porción: 304kcal, 15g de proteínas, carbohidratos 41g (13g de fibra, 15g de azúcar), 10g de grasa (3g saturada), 0,35 g de sal, calcio 17%, 67% de hierro, 42% magnesio, 610% 88% vitamina A vitamina C, 24% 166% vitamina E vitamina K, 27% vitamina B1, 24% de vitamina B2, 14% de vitamina B3, vitamina B6 35%, 119% Vitamina B9.

35. Ensalada de pomelo

Llénate de vitamina A y C de una ensalada de pomelo endulzada por el néctar de agave. Esta ensalada se hace rápidamente, y con el sabor a pistacho te dejará satisfecho y descansado.

Ingredientes (2 porciones):

1 toronja rosa mediana

1 pomelo blanco mediano

1 cucharadita de pistachos, picados

1 cucharada de néctar de agave

Tiempo de Preparación: 5 min

Sin cocinar

Preparación:

Corta el pomelo en gajos, eliminando la piel tanto como puedas. Divide los segmentos en dos tazones, agrégale los pistachos y el néctar de agave y sírvelo.

Valor nutricional por porción: 107kcal, 2g proteína, 21g carbohidratos (fibra 2g, 12g de azúcar), 1g de grasa, 56% vitamina A, 128% vitamina C.

APERITIVOS

1. Manzanas doraditas

Corta la manzana en hojuelas, luego colócalas en una placa para horno, espolvorear con canela y hornear por 45 min.

Valor nutricional: 90kcal, carbohidratos 25g (3g de fibra, 22g de azúcar), 14% de vitamina C.

2. Barra seca de albaricoque

Coloca 140g de puré de Albaricoques, con 150ml de agua hirviendo y 40g de avena en un procesador de alimentos. Pon 40g de pan disecado de coco con 25g de semillas de girasol y 1 cucharada de semillas de sésamo en una cacerola antiadherente a fuego lento, luego agrega los albaricoques con 15g arándanos secos y polvo de proteína de cáñamo (3 cucharadas), más 1 cucharada de semillas de chía. Has una pasta gruesa y enrolla sobre una larga hoja de film transparente y envuelva bien. Enfría y luego cortar 14 porciones.

Valor nutricional por rebanada: 78kcal, proteínas 3g, 8g carbohidratos (fibra 3g, 5g de azúcar), 4g de grasa (2g saturada),

3. Tostadas con aguacate

Tostar un pedazo pequeño de pan de trigo entero y luego cubrirlo con 50g de puré de palta y espolvorear con sal y pimienta.

Valor nutricional: 208kcal, 5g de proteínas, carbohidratos 28g (6g fibra, 2g de azúcar), 9g de grasa (1g saturada), 0,5 g de sal, 13% vitamina K, 13% Vitamina B9.

4. Batido de frutas

En una licuadora, mezcla ½ taza de arándanos, 1 taza de hojas de espinaca, ½ taza de yogur de griego bajo en grasa y ½ taza de piña y agua de coco.

Valor nutricional: 168kcal, 24g carbohidratos (fibra 3g, 8g de azúcar), 17g de proteínas, calcio 23%, 57% vitamina A, 73% vitamina C, 199% vitamina K, 16% Vitamina B9.

5. Trail Mix

Mezclar las nueces (10g), con 10g de almendras y 30g de pasas.

Valor nutricional: 217kcal, 4g de proteínas, carbohidratos 25g (2g de fibra, 17g de azúcar), 13g de grasa (1g saturada), 10% magnesio.

6. Bocaditos energéticos

Mezcla 50g de albaricoques secos y 50g de cerezas secas en una batidora hasta que esté picado muy finamente. Vuelca en un bol y mezcla con 2 cucharaditas de aceite de coco. Forma la mezcla en bolitas de tamaño de una nuez y ruédalas en 1 cucharada de semillas de sésamo tostadas. Arma 6 bocaditos.

Valor nutricional por Pepita: 113kcal, 2g proteína, 21g carbohidratos (fibra 2g, 18g de azúcar), 3g de grasa (1g saturada).

7. Yogurt de arándanos

Mezcla 150g yogurt descremado con ½ taza de arándanos.

Valor nutricional: 136kcal, 8g de proteínas, carbohidratos 21g (2g de fibra, 18 gramos de azúcar), 3g de grasa (1g saturada), 27% calcio, 13% vitamina C, 18% de vitamina K, 21% vitamina B2, 13% vitamina B12.

8. Tazón de palomitas

Valor nutricional: 31kcal, 1g de proteínas, carbohidratos 6g (1g de fibra).

9. Manzana y mantequilla de maní

Cortar 1 manzana pequeña y coloca una cucharada de mantequilla de maní en cada pieza.

Valor nutricional: 189kcal, 4g de proteína, 28g carbohidratos (fibra 5g, 20g de azúcar), grasas 8g (1g saturada), 14% vitamina C, 14% de vitamina B3.

10. Garbanzos asados

Valor nutricional 50g: 96kcal, 4g de proteínas, carbohidratos 13g (4g fibra, 2g de azúcar), 3g grasa.

11. Yogurt griego de fresas

Mezclar 150g de yogur griego con 5 fresas medianas cortadas en mitades.

Valor nutricional: 150kcal, 11g de proteínas 10g carbohidratos (10g de azúcar), grasas 8g (5g saturada), calcio 10%, 60% de vitamina C.

12. Naranjas a la canela

Quitar la cáscara de una naranja y luego cortar la fruta en rodajas y añadir 1 cucharadita de jugo de naranja, 1 cucharadita de jugo de limón, ¼ de cucharadita de azúcar y una pizca de canela.

Valor nutricional por porción: 86kcal, 1g de proteínas, carbohidratos 22g (fibra 3g, 19g de azúcar), 116% vitamina C, 10% de Vitamina B9.

13. Espárragos grillados

Cocina 100g de espárragos en agua hirviendo durante 2 minutos, colar y luego mézclalo con un poco de aceite de oliva. Cocina los espárragos en la parrilla durante unos minutos y luego rocíalos con una pizca de mantequilla derretida y 1 cucharadita de almendras en copos tostadas.

Valor nutricional: 107kcal, proteínas 4g carbohidratos 4g (2g fibra, 2 g de azúcar), 9g de grasa (3g saturada), 0,1 g de sal, hierro del 12%, 15% vitamina A, 52% vitamina K, vitamina B1 10%, 13% Vitamina B9.

14. Batido de leche de soja

Mezcla ½ plátano con 125ml de leche de soja, ½ cucharadita de miel y un poco de nuez moscada rallado hasta que esté suave. Esparce 1 cucharada picada de avellanas encima del plato.

Valor nutricional por porción: 220kcal, 8g proteína, 24g carbohidratos (1g de fibra, 21g de azúcar), 10g de grasa (1g saturada), 0,2 g de sal, 14% vitamina B2, 11% vitamina B6.

RECETAS DE JUGO PARA DISMINUIR SU PRESION ARTERIAL

1. Sorpresa del Amanecer

Esta receta de jugo es un solucionador de problemas cuando se trata de presión alta. Es rica en Vitaminas y minerales que harán de su cuerpo una fábrica de energía saludable.

Beneficios:

El apio es bien conocido por tener un alto contenido de calcio. El apio ayuda a controlar la presión alta. Las peras tienen antioxidantes, que ayudan a prevenir la presión alta.

Ingredientes:

- Manzanas - 2 medianas 360g
- Zanahorias - 2 medianas 122g

- Apio - 3 tallos, grandes 190g
- Limones (pelados) - 2 frutas 165g
- Peras - 2 medianas 356g

¿Cómo prepararlo?

- **Lave todos los ingredientes completamente.**
- **Hágalos jugo todos juntos y disfrute de esta bebida fresca inmediatamente.**

Calorías totales: 381

Vitaminas: Vitamina A 785ug, Vitamina C 187mg, Calcio 130mg

Minerales: Sodio 221mg, Potasio 2454mg

Azúcares 55g

2. Crema Liviana

La mejor forma de mantenerse relajado y lleno de energía durante el día es empezar con un jugo natural. Aquí tiene una gran receta que hará más que eso, mírela.

Beneficios:

Algunos compuestos de proteína que encontrará solo en la espinaca son geniales para bajar la presión arterial alta. El pimiento es conocido por reducir el colesterol y la presión alta.

Ingredientes:

- Pepino - 1/2 pepino 150g
- Perejil - 2 puñado 80g
- Pimiento - 1/2 medianos 59g
- Espinaca - 1 taza 30g
- Tomates - 3 medianos enteros 350g
- Repollo (colorado) - 1 hoja 22g

¿Cómo prepararlo?

- **Lave todos los ingredientes completamente.**
- **Hágalos jugo todos juntos y disfrute de esta bebida fresca inmediatamente.**

Calorías totales: 115

Vitaminas: Vitamina A 205ug, Vitamina C 97mg, Calcio 221mg

Minerales: Sodio 212mg, Potasio 1755mg

Azúcares 13g

3. Elevando la mente

Una variedad de frutas y vegetables hacen de esta receta una genial manera de mantener un cuerpo sano. Es por ello que esta receta es poderosa y saludable, y debería probarla en la mañana.

Beneficios:

Un estudio reciente ha mostrado que las comidas ricas en potasio también bajan la presión. Las naranjas son una gran fuente de vitamina C.

Ingredientes:

- Pepino - 1 pepino 300g
- Naranjas - 2 frutas 260g
- Ananá - 1/4 fruta 226.25g
- Espinaca - 5 puñados 125g
- Banana – 1 mediana 90g

¿Cómo prepararlo?

- **Lave todos los ingredientes completamente.**
- **Hágalos jugo todos juntos y disfrute de esta bebida fresca inmediatamente.**

Calorías totales: 184

Vitaminas: Vitamina A 421ug, Vitamina C 154mg, Calcio 202mg

Minerales: Sodio 71mg, Potasio 1322mg

Azúcares 30g

4. Jugo HT

Cuando quiera un cuerpo y mente más sanos, deberá agregar diferentes recetas de jugos que incluye vegetales de hoja y mezclarlos con ingredientes que sepan mejor para mejorar el sabor de la bebida.

Beneficios:

El jugo de lima es de gran ayuda para gente que sufre problemas del corazón porque contiene potasio. También ayuda a controlar la presión arterial, y reduce el estrés mental.

Ingredientes:

- Manzanas - 2 medianas 364g
- Col Rizada - 5 hojas 175g
- Lima - 1/2 fruta 32g
- Naranja - 150g
- Zanahorias -1 grande 70g

¿Cómo prepararlo?

- **Lave todos los ingredientes completamente.**
- **Hágalos jugo todos juntos y disfrute de esta bebida fresca inmediatamente.**

Calorías totales: 160

Vitaminas: Vitamina A 300ug, Vitamina C 191mg, Calcio 109mg

Minerales: Sodio 103mg, Potasio 1437mg

Azúcares 43g

5. Gran A

Siempre puede utilizar una receta de jugo nueva que contenga todos los minerales esenciales y vitaminas, que llevarán a su cuerpo a ser más sano. Esta es otra gran bebida matutina.

Beneficios:

La pectina en las manzanas baja los niveles de colesterol y puede también ayudar a bajar la presión. El jugo de pera tiene un efecto antiinflamatorio y es un buen proveedor de nutrientes.

Ingredientes:

- Manzanas - 2 medianas 360g
- Naranja (pelada) - 1 fruta 130g
- Peras - 2 medianas 356g
- Batata - 130g
- Lima ½ - 33g

¿Cómo prepararlo?

- **Lave todos los ingredientes completamente.**
- **Hágalos jugo todos juntos y disfrute de esta bebida fresca inmediatamente.**

Calorías totales: 307

Vitaminas: Vitamina A 610ug, Vitamina C 61mg, Calcio 123mg

Minerales: Sodio 120mg, Potasio 1221mg

Azúcares 60g

6. Día Dulce

Esta receta de jugo es genial si quiere un cambio positivo en su corazón. Si ha tenido problemas del corazón en el pasado, pruebe esta bebida y vea qué puede hacer por usted.

Beneficios:

La remolacha tiene propiedades medicinales, ayuda a normalizar la presión arterial, y también posee alta cantidad de carbohidratos, una gran fuente de energía instantánea.

Ingredientes:

- Remolacha (dorada) - 1 remolacha 80g
- Zanahorias - 3 grandes 215g
- Pepino - 1/2 pepino 150g
- Raíz de Jengibre - 1/2 pulgar 12g
- Lima - ½ 33g

¿Cómo prepararlo?

- **Lave todos los ingredientes completamente.**
- **Hágalos jugo todos juntos y disfrute de esta bebida fresca inmediatamente.**

Calorías totales: 137

Vitaminas: Vitamina A 1104ug, Vitamina C 19mg, Calcio 143mg

Minerales: Sodio 265mg, Potasio 1391mg

Azúcares 22g

7. Dios Verde

Debería probar esta receta en el almuerzo porque es muy rica en nutrientes que serán mejor absorbidos en ese momento del día y más fáciles de digerir.

Beneficios:

El pepino es un componente esencial del tejido conectivo saludable, y también ayuda a reducir la presión arterial.

Ingredientes:

- Apio - 4 tallos, grandes 255g
- Pepino - 1 pepino 300g
- Raíz de Jengibre - 1 pulgar 24g
- Limón - 1/2 fruta 42g

¿Cómo prepararlo?

- **Lave todos los ingredientes completamente.**

- **Hágalos jugo todos juntos y disfrute de esta bebida fresca inmediatamente.**

Calorías totales: 183

Vitaminas: Vitamina A 764ug, Vitamina C 171mg, Calcio 312mg

Minerales: Sodio 195mg, Potasio 1872mg

Azúcares 30g

8. Mix Sanador

Aquí hay otra gran receta de jugo que le ayudará a mejorar su salud y la forma en que se siente. Si la combinación de limón y naranja es muy fuerte para usted, simplemente elimine uno de los dos, pero será mejor si puede tomarlos juntos.

Beneficios:

El jugo de limón reduce la depresión y controla la presión arterial alta, y consumir vitamina C ayuda a reducir la incidencia de úlceras pépticas.

Ingredientes:

- Apio - 4 tallos, grandes 255g
- Limón (con cáscara) 1/2 fruta 28g
- Naranja (pelada) - 1 grande 180g
- Espinaca - 5 puñado 125g

¿Cómo prepararlo?

- **Lave todos los ingredientes completamente.**
- **Hágalos jugo todos juntos y disfrute de esta bebida fresca inmediatamente.**

Calorías totales: 202

Vitaminas: Vitamina A 250ug, Vitamina C 87mg, Calcio 211mg

Minerales: Sodio 211mg, Potasio 1501mg

Azúcares 40g

9. Jugo GRUÑIDO

Las recetas de jugo son una forma rápida de hacer frente al estilo de vida moderno para personas que buscan un cuerpo más sano. Esta es una gran receta para bajar la presión y fortalecer el corazón.

Beneficios:

El jengibre podría tener un rol en la reducción del colesterol y también ayuda a bajar la presión alta. El extracto de la piel de manzana reduce el riesgo de cáncer de hígado, así que sería mejor si lava bien e incluye la piel el jugo.

Ingredientes:

- Manzanas - 2 medianas 365g
- Apio - 3 tallos, grandes 192g
- Pepino - 1 pepino 300g
- Lima (con cáscara) - 1 fruta 65g
- Perejil - 1 puñado 150g

¿Cómo prepararlo?

- **Lave todos los ingredientes completamente.**
- **Hágalos jugo todos juntos y disfrute de esta bebida fresca inmediatamente.**

Calorías totales: 202

Vitaminas: Vitamina A 590ug, Vitamina C 156mg, Calcio 281mg

Minerales: Sodio 197mg, Potasio 1789mg

Azúcares 28g

10. Jugo de las Estrellas

Empiece su día fuerte con esta gran mezcla de frutas y vegetales deliciosos. Estos ingredientes son perfectos para usted porque son ricos en nutrientes y vitaminas.

Beneficios:

Las peras contienen glutatión anticancerígeno que ayuda a prevenir la presión alta. Las zanahorias son ricas en beta-carotenos y también reducen la presión alta.

Ingredientes:

- Zanahorias - 4 medianas 220g
- Pepino - 1 pepino 300g
- Limón - 1 fruta 58g
- Pera - 1 mediana 178g
- Apio - 1 tallos, grandes 62g

¿Cómo prepararlo?

- Lave todos los ingredientes completamente.
- Hágalos jugo todos juntos y disfrute de esta bebida fresca inmediatamente.

Calorías totales: 210

Vitaminas: Vitamina A 1044ug, Vitamina C 40mg, Calcio 139mg

Minerales: Sodio 149mg, Potasio 1451mg

Azúcares 32g

11. Jugo Menor

Cuando cada segundo es preciado y siente que se queda sin tiempo para hacerse saludable, no debería desatender su cuerpo, es por ello que esta receta hará maravillas por usted y su cuerpo en un período corto de tiempo.

Beneficios:

El apio es genial para bajar la presión alta y es también una gran fuente de nutrientes.

Ingredientes:

- Apio - 3 tallos, grandes 190g
- Pepino - 1/2 pepino 150g
- Raíz de Jengibre - 1/2 pulgar 12g
- Col Rizada - 2 hoja 70g
- Banana - 1 mediana 90g

¿Cómo prepararlo?

- **Lave todos los ingredientes completamente.**
- **Hágalos jugo todos juntos y disfrute de esta bebida fresca inmediatamente.**

Calorías totales: 200

Vitaminas: Vitamina A 503ug, Vitamina C 176mg, Calcio 276mg

Minerales: Sodio 133mg, Potasio 1569mg

Azúcares 45g

12. Mix del Señor Corazón Saludable

Asegúrese de empezar su día con esta mezcla de corazón saludable, con un gran sabor gracias a la combinación de manzana y banana.

Beneficios:

Las bananas juegan un rol importante en la reducción de la presión. Las manzanas reducen el colesterol e incrementan la densidad ósea.

Ingredientes:

- Zanahorias - 4 medianas 242g
- Apio - 3 tallos, grandes 190g
- Raíz de Jengibre - 1/2 pulgar 11g
- Banana – 1 mediana 90g
- Manzana – 1 mediana 180g

¿Cómo prepararlo?

- **Lave todos los ingredientes completamente.**
- **Hágalos jugo todos juntos y disfrute de esta bebida fresca inmediatamente.**

Calorías totales: 233

Vitaminas: Vitamina A 1312ug, Vitamina C 27mg, Calcio 143mg

Minerales: Sodio 310mg, Potasio 1670mg

Azúcares 44g

13. Bebida de Desayuno Comienzo Soleado

Aquí tiene una gran receta con la que puede empezar el día. Mantendrá sus niveles de energía altos durante el día entero y también será una excelente fuente de vitaminas, asique preste atención.

Beneficios:

Los tomates son conocidos por ser excelentes para el corazón y podrían bajar la presión. También son una gran fuente de vitamina C.

Ingredientes:

- Manzanas (verdes) - 1 mediana 180g
- Pepino - 1 pepino 300g
- Uvas (verdes) - 15 uvas 90g
- Espinaca - 2 taza 60g
- Tomate - 1 mediano entero 121g

¿Cómo prepararlo?

- **Lave todos los ingredientes completamente.**
- **Hágalos jugo todos juntos y disfrute de esta bebida fresca inmediatamente.**

Calorías totales: 179

Vitaminas: Vitamina A 540ug, Vitamina C 59mg, Calcio 144mg

Minerales: Sodio 112mg, Potasio 1448mg

Azúcares 31g

14. Retraso Lluvia de Remolacha

Si está listo para iniciar un hábito saludable, los jugos son una gran idea. La batata en esta bebida le dará un nuevo sabor que le agradará.

Beneficios:

Estudios médicos han mostrado que incluir remolacha a su dieta ayuda a proteger el cuerpo contra enfermedades cardíacas. También ayuda a regenerar células rojas y suministrar oxígeno fresco al cuerpo.

Ingredientes:

- Manzana - 1 mediana 180g
- Remolacha - 1 remolacha 170g
- Limón - 1/2 fruta 42g
- Naranjas (peladas) - 2 frutas 262g
- Batata - 1 130g

¿Cómo prepararlo?

- **Lave todos los ingredientes completamente.**
- **Hágalos jugo todos juntos y disfrute de esta bebida fresca inmediatamente.**

Calorías totales: 245

Vitaminas: Vitamina A 450ug, Vitamina C 87mg, Calcio 137mg

Minerales: Sodio 227mg, Potasio 1894mg

Azúcares 34g

15. Desfile Arcoíris

El mundo de la ciencia está descubriendo nuevas cosas acerca de cuán importantes son los vegetales y frutas para nuestra vida. Aquí hay un gran ejemplo de una receta que hará que quiera agregarla a su dieta diaria.

Beneficios:

Un estudio reciente mostró que comidas ricas en magnesio y fibra ayudan al cuerpo a bajar la presión a niveles saludables. La espinaca es una constructora de sangre y regenera células rojas.

Ingredientes:

- Apio - 4 tallos, medianos 160g
- Pepino - 1/2 pepino 150g
- Uvas - 2 tazas 180g
- Espinaca - 4 tazas 120g

¿Cómo prepararlo?

- **Lave todos los ingredientes completamente.**
- **Hágalos jugo todos juntos y disfrute de esta bebida fresca inmediatamente.**

Calorías totales: 219

Vitaminas: Vitamina A 322ug, Vitamina C 37mg, Calcio 179mg

Minerales: Sodio 144mg, Potasio 1671mg

Azúcares 38g

16. Mix Ananá Sonriente

Aquí hay otra receta que debería probar. Compártala con su familia porque es genial si le gusta el ananá.

Beneficios:

El jugo de limón es genial para el corazón y ayuda a controlas la presión alta. Una zanahoria al día reduce el riesgo de infarto en 66%.

Ingredientes:

- Zanahorias - 3 medianas 180g
- Limón - 1/2 fruta 40g
- Ananá - 1/4 fruta 225g
- Espinaca - 2 puñados 50g

¿Cómo prepararlo?

- **Lave todos los ingredientes completamente.**

- **Hágalos jugo todos juntos y disfrute de esta bebida fresca inmediatamente.**

Calorías totales: 202

Vitaminas: Vitamina A 975ug, Vitamina C 150mg, Calcio 165mg

Minerales: Sodio 210mg, Potasio 1410mg

Azúcares 37g

17. Jugo Delicia de Arándano

Esta receta es inusual con una variedad de ingredientes que no encontrará en cualquier lado asique pruébela y notará los resultados espectaculares que tendrá.

Beneficios:

Las naranjas, altas en vitamina C, ayudan a estimular a las células blancas para combatir infecciones, y bajar la presión arterial.

Ingredientes:

- Arándanos - 3 tazas, 300g
- Raíz de Jengibre - 2 pulgares 45g
- Limas (con cáscara) - 2 frutas 134g
- Banana – 1 mediana 90g

¿Cómo prepararlo?

- **Lave todos los ingredientes completamente.**
- **Hágalos jugo todos juntos y disfrute de esta bebida fresca inmediatamente.**

Calorías totales: 285

Vitaminas: Vitamina A 145ug, Vitamina C 219mg, Calcio 172mg

Minerales: Sodio 7mg, Potasio 1128mg

Azúcares 48g

18. Voto a la Col Rizada

La col rizada está llena de vitaminas y minerales necesarios que ayudarán a su cuerpo a reducir la presión alta y sentirse mejor durante el día. Agregue más hojas si no le importa el sabor agregado ya que lo hará más nutritivo.

Beneficios:

La col rizada tiene diferentes compuestos que bajan la presión alta y estudios recientes muestran que el limón ayuda a reducir el colesterol.

Ingredientes:

- Manzanas - 2 medianas 320g
- Col Rizada - 2 hoja (8-12") 70g
- Limón (pelado) - 1 fruta 58g
- Tomate - 1 mediano entero 120g

¿Cómo prepararlo?

- **Lave todos los ingredientes completamente.**
- **Hágalos jugo todos juntos y disfrute de esta bebida fresca inmediatamente.**

Calorías totales: 275

Vitaminas: Vitamina A 434ug, Vitamina C 91mg, Calcio 201mg

Minerales: Sodio 190mg, Potasio 1448mg

Azúcares 45g

19. Mix de Lima y Zanahoria

Este es un jugo genial para servir durante o después de una comida grande. La combinación de lima y pimiento le da un golpe de sabor, pero la banana la hace dulce. Si siente que es muy fuerte, agregue media banana más.

Beneficios:

El consumo regular de zanahorias reduce los niveles de colesterol y previene problemas cardíacos. También limpian el hígado.

Ingredientes:

- Zanahorias - 2 grandes 170g
- Apio - 2 tallos, grandes 128g
- Lima - 1/2 fruta 32g
- Pimiento - 1 pimiento 14g
- Espinaca - 2 tazas 60g
- Banana – 1 mediana 90g

¿Cómo prepararlo?

- **Lave todos los ingredientes completamente.**
- **Hágalos jugo todos juntos y disfrute de esta bebida fresca inmediatamente.**

Calorías totales: 110

Vitaminas: Vitamina A 875ug, Vitamina C 32mg, Calcio 127mg

Minerales: Sodio 255mg, Potasio 1329mg

Azúcares 15g

20. Pepino Alto

Si tener un cuerpo sano es su meta, tiene que probar este jugo. Puede reducir la cantidad de cebolla si no le gusta el sabor, pero sería recomendable dejarla por los beneficios de salud.

Beneficios:

El perejil funciona como antioxidante y ayuda a mantener un nivel saludable de presión arterial. El jugo de tomate es una fuente excelente de vitamina C, calcio y fósforo.

Ingredientes:

- Pepino - 1 pepino 300g
- Limón - 1 fruta 55g
- Cebolla - 15g
- Perejil - 1 puñado 40g
- Tomates - 2 pequeños enteros 180g

¿Cómo prepararlo?

- **Lave todos los ingredientes completamente.**
- **Hágalos jugo todos juntos y disfrute de esta bebida fresca inmediatamente.**

Calorías totales: 79

Vitaminas: Vitamina A 255ug, Vitamina C 105mg, Calcio 98mg

Minerales: Sodio 30mg, Potasio 1077mg

Azúcares 10g

21. Mix de Brócoli

Veamos si este delicioso jugo es lo que busca. Una de las mejores cosas de las recetas de jugos es que no llevan mucho tiempo de preparación y los resultados son excelentes.

Beneficios:

El brócoli ayuda al funcionamiento adecuado de la insulina y regula el azúcar en sangre, regulando también la presión.

Ingredientes:

- Manzana - 1 mediana 180g
- Brócoli - 1 tallos 150g
- Zanahorias - 2 grandes 110g
- Apio - 3 tallos, grandes 190g
- Aceite de Oliva - 1 cucharada 13.5g

¿Cómo prepararlo?

- **Lave todos los ingredientes completamente.**
- **Hágalos jugo todos juntos y disfrute de esta bebida fresca inmediatamente.**

Calorías totales: 224

Vitaminas: Vitamina A 1003ug, Vitamina C 110mg, Calcio 196mg

Minerales: Sodio 215mg, Potasio 1335mg

Azúcares 19g

22. Mix Sorpresa de Arándanos

Los arándanos saben bien y son muy buenos antioxidantes. Mezclar estos ingredientes le dará un gran jugo para beber a cualquier hora del día.

Beneficios:

Las vitaminas hacen que nuestro cuerpo funcione apropiadamente y se encuentran en abundancia en los arándanos. También ayudan a mantener un sistema inmune fuerte.

Ingredientes:

- Manzana - 1 mediana 180g
- Arándano - 1 taza 140g
- Brócoli - 1 tallo 151g
- Tomate - 1 mediano entero 120g

¿Cómo prepararlo?

- **Lave todos los ingredientes completamente.**
- **Hágalos jugo todos juntos y disfrute de esta bebida fresca inmediatamente.**

Calorías totales: 203

Vitaminas: Vitamina A 784ug, Vitamina C 102mg, Calcio 115mg

Minerales: Sodio 188mg, Potasio 1431mg

Azúcares 39g

23. Jugo de Jengibre En Forma

Aquí tiene otra gran receta que puede disfrutar en cualquier momento del día, solo asegúrese de prepararla 30 minutos antes de una comida grande.

Beneficios:

La pectina en las zanahorias reduce los niveles de colesterol sérico y es rica en vitamina A, que es buena para mejorar la vista.

Ingredientes:

- Zanahorias - 2 medianas 120g
- Raíz de Jengibre - 1/2 12g
- Limón - 1 fruta 50g
- Espinaca - 2 puñados 50g

¿Cómo prepararlo?

- **Lave todos los ingredientes completamente.**
- **Hágalos jugo todos juntos y disfrute de esta bebida fresca inmediatamente.**

Calorías totales: 190

Vitaminas: Vitamina A 1059ug, Vitamina C 71mg, Calcio 161mg

Minerales: Sodio 192mg, Potasio 1430mg

Azúcares 31g

24. Mix de Banana y Naranja

Este es un jugo maravilloso para gente con problemas serios de presión y del corazón. Los ingredientes están repletos de nutrientes que ayudarán a fortalecer el sistema inmune también.

Beneficios:

Las naranjas, siendo altas en flavonoides y vitamina C, son conocidas por reducir el riesgo de enfermedades cardíacas. Un flavonoide llamado hesperidina, puede bajar la presión alta.

Ingredientes:

- Manzanas - 2 medianas 360g
- Raíz de Jengibre - 1/2 pulgar 12g
- Lima- ½ 30g
- Naranja (pelada) - 1 fruta 130g
- Banana – 1 mediana 90g

¿Cómo prepararlo?

- **Lave todos los ingredientes completamente.**
- **Hágalos jugo todos juntos y disfrute de esta bebida fresca inmediatamente.**

Calorías totales: 166

Vitaminas: Vitamina A 15ug, Vitamina C 71mg, Calcio 115mg

Minerales: Sodio 85mg, Potasio 982mg

Azúcares 34g

25. Pomelo Evitador de Problemas Cardíacos

Este es un gran jugo para prevenir problemas de presión y del corazón. El pomelo es una fruta poderosa con propiedades reductoras de colesterol. Puede agregar una fruta entera si no le molesta el sabor ya que será mejor.

Beneficios:

Incluir apio en su dieta ayuda a proteger el cuerpo contra enfermedades cardíacas y baja la presión. Las zanahorias tienen un efecto de limpieza en el hígado y ayuda a liberar más bilis.

Ingredientes:

- Manzana - 1 grande 200g
- Pomelo - 1/2 grande pelado 160g
- Remolacha - 1 remolacha 175g
- Zanahorias - 4 medianas 244g
- Apio - 1 tallo, grande 60g

¿Cómo prepararlo?

- **Lave todos los ingredientes completamente.**
- **Hágalos jugo todos juntos y disfrute de esta bebida fresca inmediatamente.**

Calorías totales: 175

Vitaminas: Vitamina A 1632ug, Vitamina C 38mg, Calcio 181mg

Minerales: Sodio 398mg, Potasio 1651mg

Azúcares 33g

26. Poder de Granada

La granada es una fruta deliciosa que agregará un sabor distintivo a este jugo. Pruébelo de mañana o tarde pero no a la noche.

Beneficios:

El jugo de limón ayuda a controlar la presión arterial alta y previene la depresión y el estrés mental.

Ingredientes:

- Arándano - 1 taza 145g
- Limón – 1/2 frutas 30g
- Granada - 1 granada 280g
- Banana – 1 mediana 100g

¿Cómo prepararlo?

- **Lave todos los ingredientes completamente.**

- **Hágalos jugo todos juntos y disfrute de esta bebida fresca inmediatamente.**

Calorías totales: 176

Vitaminas: Vitamina A 4ug, Vitamina C 42mg, Calcio 27mg

Minerales: Sodio 6mg, Potasio 580mg

Azúcares 35g

27. Un Inicio Positivo

¡Qué combinación de vitaminas y minerales en este jugo! La col rizada y espinaca juntas en una bebida es espectacular. Asegúrese de tomarlo al menos 1 vez por semana.

Beneficios:

La gente que come 2 manzanas por día reducen su colesterol en 15%. Las manzanas también reducirían la presión arterial.

Ingredientes:

- Manzanas - 2 medianas 360g
- Col Rizada - 2 hojas 70g
- Espinaca - 2 tazas 50g
- Lima – ½ fruta 30g

¿Cómo prepararlo?

- **Lave todos los ingredientes completamente.**
- **Hágalos jugo todos juntos y disfrute de esta bebida fresca inmediatamente.**

Calorías totales: 132

Vitaminas: Vitamina A 453ug, Vitamina C 87mg, Calcio 126mg

Minerales: Sodio 51mg, Potasio 815mg

Azúcares 25g

28. Corte de Zanahoria

Pruebe este jugo y se sorprenderá de lo sabroso que es, y no nos olvidemos de todos los nutrientes vitales que vienen acompañados. Es obligatorio para gente con hipertensión.

Beneficios:

La pectina en las zanahorias reduce los niveles de colesterol sérico y algunos estudios muestran que podrían jugar un rol en bajar la presión.

Ingredientes:

- Manzanas - 2 medianas 360g
- Zanahorias - 2 medianas 120g
- Raíz de Jengibre - 1/2 pulgar 12g
- Pepino - 1 pequeño 200g

¿Cómo prepararlo?

- **Lave todos los ingredientes completamente.**
- **Hágalos jugo todos juntos y disfrute de esta bebida fresca inmediatamente.**

Calorías totales: 185

Vitaminas: Vitamina A 750ug, Vitamina C 25mg, Calcio 54mg

Minerales: Sodio 48mg, Potasio 609mg

Azúcares 27g

29. Adoración al Durazno

No importa qué hora sea, este jugo puede ser servido a cualquier hora. Mire los ingredientes y prepárese para un jugo delicioso con un sabor realmente fantástico.

Beneficios:

Los duraznos ayudarían a mantener una presión balanceada, y también son purificadores de la sangre.

Ingredientes:

- Zanahorias - 3 medianas 130gg
- Limón - 1/2 fruta 42g
- Duraznos - 5 medianos 750g
- Naranja - 1 mediana 120g

¿Cómo prepararlo?

- **Lave todos los ingredientes completamente.**

- **Hágalos jugo todos juntos y disfrute de esta bebida fresca inmediatamente.**

Calorías totales: 362

Vitaminas: Vitamina A 520ug, Vitamina C 71mg, Calcio 215mg

Minerales: Sodio 401mg, Potasio 3024mg

Azúcares 7g

30. Dulce P

Aquí hay otro jugo sabroso con batata, que está llena de vitaminas y minerales. Es muy rico en beta-carotenos, que son fundamentales en la prevención de hipertensión y problemas de piel.

Beneficios:

Las batatas son una buena fuente de nutrientes, y la remolacha ayuda a limpiad la sangre.

Ingredientes:

- Manzanas - 2 medianas 364g
- Remolacha - 1 remolacha 82g
- Batata - 1 batata, 130g
- Banana – 1 mediana 100g

¿Cómo prepararlo?

- **Lave todos los ingredientes completamente.**
- **Hágalos jugo todos juntos y disfrute de esta bebida fresca inmediatamente.**

Calorías totales: 201

Vitaminas: Vitamina A 640ug, Vitamina C 16mg, Calcio 53mg

Minerales: Sodio 420mg, Potasio 3105mg

Azúcares 30g

31. Mix de Ananá y Naranja

Una mente y cuerpo sanos deberían ser lema de todo individuo. Agregue o reduzca la cantidad de jengibre y col rizada dependiendo de su preferencia.

Beneficios:

Las naranjas ayudan a reducir la presión arterial, y el jengibre reduce el colesterol.

Ingredientes:

- Raíz de Jengibre - 1/2 pulgar 12g
- Col Rizada - 4 hojas 140g
- Naranja - 1 pequeña 96g
- Ananá - 1 taza, en trozos 165g
- Pepino - 1 300g

¿Cómo prepararlo?

- **Lave todos los ingredientes completamente.**
- **Hágalos jugo todos juntos y disfrute de esta bebida fresca inmediatamente.**

Calorías totales: 250

Vitaminas: Vitamina A 594ug, Vitamina C 241mg, Calcio 203mg

Minerales: Sodio 39mg, Potasio 1160mg

Azúcares 40g

32. Sabor de Remolacha y Durazno

¿Qué es más importante que su propia salud? Tómese tiempo para alimentar su cuerpo con las vitaminas y nutrientes correctos con este jugo. No preste atención al color de la bebida, ya que es el sabor lo que hará la diferencia.

Beneficios:

El alto contenido de hierro en la remolacha genera y reactiva las células rojas. También normaliza la presión arterial, reduciendo o elevándola.

Ingredientes:

- Manzana - 1 mediana 180g
- Remolacha - 1 remolacha 82g
- Limón - 1/2 fruta 29g
- Durazno - 1 mediano 120g

¿Cómo prepararlo?

- **Lave todos los ingredientes completamente.**
- **Hágalos jugo todos juntos y disfrute de esta bebida fresca inmediatamente.**

Calorías totales: 180

Vitaminas: Vitamina A 10ug, Vitamina C 101mg, Calcio 45mg

Minerales: Sodio 44mg, Potasio 760mg

Azúcares 39g

33. Golpe de Espinaca

Los jugos se han vuelto una forma muy popular para hacerse saludable, pero no son tan populares como lo serán en el futuro. Póngase un paso adelante del resto jugando su paso a una presión arterial controlada con este mix de espinaca.

Beneficios:

El jengibre es genial para reducir la presión arterial y el riesgo de cáncer.

Ingredientes:

- Manzanas - 1 mediana 180g
- Zanahorias - 2 medianas 120g
- Raíz de Jengibre - 1/2 pulgar 12g
- Lima - 1 fruta 55g
- Espinaca – 2 puñados 50g

¿Cómo prepararlo?

- **Lave todos los ingredientes completamente.**
- **Hágalos jugo todos juntos y disfrute de esta bebida fresca inmediatamente.**

Calorías totales: 193

Vitaminas: Vitamina A 1785ug, Vitamina C 98 mg, Calcio 94mg

Minerales: Sodio 156mg, Potasio 1459mg

Azúcares 33g

34. Mix Saludable FB

Su salud debería ser tratada seriamente. Tener presión alta es serio y debería ser cuidado. Este jugo es un buen comienzo hacia el mantener la presión estabilizada.

Beneficios:

Beber jugo de hinojo es beneficioso para la gente con problemas cardíacos ya que contiene potasio. El jengibre incrementa la circulación sanguínea y combate la fiebre.

Ingredientes:

- Manzanas - 2 medianas 360g
- Hinojo - 1 hinojo 230g
- Raíz de Jengibre - 1/2 pulgar 12g
- Naranja (pelada) - 1 fruta 130g

¿Cómo prepararlo?

- **Lave todos los ingredientes completamente.**
- **Hágalos jugo todos juntos y disfrute de esta bebida fresca inmediatamente.**

Calorías totales: 153

Vitaminas: Vitamina A 15ug, Vitamina C 70mg, Calcio 118mg

Minerales: Sodio 79mg, Potasio 1144mg

Azúcares 31g

35. Remolacha Rápida

Una buena solución para cualquier tipo de problema de salud es agregar frutas y vegetales a las recetas de jugos. Vea los beneficios y todos los ingredientes que recibirá de este jugo, y el sabor diferente del perejil.

Beneficios:

El perejil se ha usado en estudios en animales para incrementar la capacidad antioxidante de la sangre. La remolacha es de ayuda para limpiar el hígado, y éste ayuda a metabolizar grasa.

Ingredientes:

- Manzana - 1 mediana 180g
- Remolacha - 1/2 remolacha 40g
- Zanahorias - 3 medianas 180g
- Perejil - 1 puñado 40g
- Lima – ½ 30g

¿Cómo prepararlo?

- **Lave todos los ingredientes completamente.**
- **Hágalos jugo todos juntos y disfrute de esta bebida fresca inmediatamente.**

Calorías totales: 119

Vitaminas: Vitamina A 1174ug, Vitamina C 45mg, Calcio 121mg

Minerales: Sodio 190mg, Potasio 1005mg

Azúcares 22g

36. Jugo Ananá A Más

La combinación de ananá y manzana hacen que este jugo sepa delicioso, y los otros ingredientes le dan vitaminas, haciéndolo una buena opción para cualquier momento del día.

Beneficios:

El jugo de ananá es rico en vitaminas y ayuda a reducir la presión sanguínea y los niveles de colesterol.

Ingredientes:

- Manzana - 1 mediana 180g
- Limón - 1/2 frutas 25g
- Naranja (pelada) - 1 grande 180g
- Ananá - 1/4 fruta 225g
- Pepino – 1 300g

¿Cómo prepararlo?

- **Lave todos los ingredientes completamente.**
- **Hágalos jugo todos juntos y disfrute de esta bebida fresca inmediatamente.**

Calorías totales: 215

Vitaminas: Vitamina A 41ug, Vitamina C 140mg, Calcio 90mg

Minerales: Sodio 5mg, Potasio 837mg

Azúcares 49g

37. Doblete Mango Naranja

A medida que su cuerpo envejece, si no cuida de él podrá encontrar diferentes problemas. Uno de ellos es la presión alta. Esta receta lo ayudará a control la hipertensión y prevenir otros problemas.

Beneficios:

Las naranjas, al ser altas en Vitamina C, pueden ayudar a estimular las células blancas para combatir infecciones, construyendo naturalmente un buen sistema inmune. El mango reduce el colesterol.

Ingredientes:

- Manzana - 1 grande 223g
- Limón (pelado) - 1/2 fruta 29g
- Mango (pelado) - 1 fruta 336g
- Naranja - 1 grande 184g
- Espinaca – 50g

¿Cómo prepararlo?

- **Lave todos los ingredientes completamente.**
- **Hágalos jugo todos juntos y disfrute de esta bebida fresca inmediatamente.**

Calorías totales: 245

Vitaminas: Vitamina A 146ug, Vitamina C 147mg, Calcio 91mg

Minerales: Sodio 4mg, Potasio 860mg

Azúcares 50g

38. Delicia Naranja

Pruebe esta receta y vea cómo los beneficios cambiarán la forma en que se siente y mueve durante el día. Verá después del primer día que no querrá perdérselo ningún otro.

Beneficios:

Las zanahorias hacen maravillas impulsando el sistema inmune por la producción y performance de las células blancas. Las naranjas bajan la presión alta.

Ingredientes:

- Manzanas - 2 grande 400g
- Zanahorias - 5 medianas 200g
- Naranja - 1 grande 184g
- Duraznos - 2 grandes 350g
- Banana – 1 mediana 100g

¿Cómo prepararlo?

- **Lave todos los ingredientes completamente.**
- **Hágalos jugo todos juntos y disfrute de esta bebida fresca inmediatamente.**

Calorías totales: 379

Vitaminas: Vitamina A 3376ug, Vitamina C 116mg, Calcio 220mg

Minerales: Sodio 291mg, Potasio 2521mg

Azúcares 80g

39. Arándano Ligero

Esta receta es genial para servir al final del día, porque hará que su cuerpo se relaje más rápidamente antes de dormir. También le dará un montón de vitaminas y minerales para iniciar el día siguiente.

Beneficios:

Los arándanos son una gran fuente de vitaminas y minerales. Bajan la presión y mejoran la circulación de la sangre.

Ingredientes:

- Manzanas - 3 medianas 546g
- Arándanos - 1/2 taza, enteros 50g
- Raíz de Jengibre - 1/4 pulgar 6g
- Naranja - 1 grande (184g)
- Lima – ½ fruta 25 g
- Espinaca – 50g

¿Cómo prepararlo?

- **Lave todos los ingredientes completamente.**
- **Hágalos jugo todos juntos y disfrute de esta bebida fresca inmediatamente.**

Calorías totales: 220

Vitaminas: Vitamina A 23ug, Vitamina C 87mg, Calcio 80mg

Minerales: Sodio 5mg, Potasio 725mg

Azúcares 41g

40. Mix Reductor de Estrés

Si su problema es el estrés, entonces debería ver los efectos que este jugo tendrá en usted. Es genial y no se preocupará tanto ahora que recibe una gran cantidad de nutrientes.

Beneficios:

El apio calma los nervios por su alto contenido de calcio y ayuda a controlar la presión alta. El apio crudo debería ser comido para reducir la presión

Ingredientes:

- Manzana - 1 mediana 180g
- Apio - 2 tallos, grandes 120gg
- Limón (con cáscara) - 1/2 fruta 42g
- Banana – 1 mediana 100g

¿Cómo prepararlo?

- **Lave todos los ingredientes completamente.**
- **Hágalos jugo todos juntos y disfrute de esta bebida fresca inmediatamente.**

Calorías totales: 128

Vitaminas: Vitamina A 101ug, Vitamina C 87mg, Calcio 140mg

Minerales: Sodio 124mg, Potasio 1027mg

Azúcares 19g

41. Victoria B

Esta receta debería estar primera en su lista. Tiene un gran contenido de vitaminas y minerales. El mejor momento de tomarla sería en la mañana por su impulso de energía.

Beneficios:

La remolacha es alta en carbohidratos, lo que significa que es una gran fuente de energía instantánea. Es una gran purificadora de sangre.

Ingredientes:

- Manzana - 1 grande 200g
- Remolacha - 1 remolacha 170g
- Zanahorias - 4 medianas 241g
- Apio - 1 tallo, grande 60g

¿Cómo prepararlo?

- **Lave todos los ingredientes completamente.**
- **Hágalos jugo todos juntos y disfrute de esta bebida fresca inmediatamente.**

Calorías totales: 155

Vitaminas: Vitamina A 1292ug, Vitamina C 34mg, Calcio 175mg

Minerales: Sodio 300mg, Potasio 1750mg

Azúcares 30g

42. Trago Doble AA

Luego de una comida debería esperar 30-60 minutos antes de beber este jugo. Mire los ingredientes y cómo prepararlo antes de empezar. Prepárese para una fuente de vitaminas y minerales deliciosa y muy sabrosa.

Beneficios:

La palta reduce el riesgo de enfermedades cardíacas y ayuda al sistema inmune a volverse más fuerte.

Ingredientes:

- Manzanas – 1 mediana 150g
- Palta - 1 palta 188g
- Lima - 1 fruta 60g
- Espinaca - 2 tazas 60g

¿Cómo prepararlo?

- **Lave todos los ingredientes completamente.**
- **Hágalos jugo todos juntos y disfrute de esta bebida fresca inmediatamente.**

Calorías totales: 353

Vitaminas: Vitamina A 243ug, Vitamina C 47mg, Calcio 164mg

Minerales: Sodio 152mg, Potasio 1788mg

Azúcares 20g

43. Jugo VIGA

Si quiere empezar a controlar su hipertensión de forma rápida y efectiva, entonces debería empezar con este jugo. Es fácil de preparar y es una alta fuente de antioxidantes necesarios para prevenir todas las enfermedades.

Beneficios:

Muchos nutrientes están contenidos en el kiwi, incluyendo hierro, cobre y vitaminas. Los estudios indican que ayudaría a reducir enfermedades cardíacas.

Ingredientes:

- Moras - 1 taza 120g
- Kiwi - 1 fruta 69g
- Manzana -2 grandes 360 g
- Lima – ½ 30 g

¿Cómo prepararlo?

- **Lave todos los ingredientes completamente.**
- **Hágalos jugo todos juntos y disfrute de esta bebida fresca inmediatamente.**

Calorías totales: 183

Vitaminas: Vitamina A 80ug, Vitamina C 110mg, Calcio 75mg

Minerales: Sodio 7mg, Potasio 560mg

Azúcares 30g

44. Mix Doble Diario

Un estilo de vida saludable debería consistir en ejercicio diario y una dieta cuidada. Es por ello que este jugo debería ser tomado usualmente en la mañana para ayudar a empezar su día con una dosis fuerte de beta-carotenos.

Beneficios:

El apio y las manzanas ayudan a reducir la presión alta, y son una gran fuente de nutrientes.

Ingredientes:

- 2 Zanahorias Grandes, 200g
- Tomates - 1 mediano 110g
- Manzana – 1 mediana 100g
- Apio - 1 tallo 50g

¿Cómo prepararlo?

- **Lave todos los ingredientes completamente.**
- **Hágalos jugo todos juntos y disfrute de esta fresca bebida inmediatamente**

Calorías totales: 163

Vitaminas: Vitamina A 400µg, Vitamina C 15mg, Calcio 20mg

Minerales: Sodio 13mg, Potasio 223 mg

Azúcares 15g

45. Papa Picante

Si estaba buscando algo que pueda ayudar a los problemas de salud de presión, debería ver este jugo y probarlo. Puede tomarlo en la mañana, pero también durante el día. Se ve bien y sabe aún mejor por todos los ingredientes dulces que tiene.

Beneficios:

Las naranjas son una gran fuente de Vitaminas y pueden también ayudar a reducir la presión alta.

Ingredientes:

- Manzanas – 2, 360g
- Apio - 1 tallo, 65g
- Naranja (pelada) - 125g
- Batata - 120g
- Banana – 1 mediana 100g

¿Cómo prepararlo?

- **Lave todos los ingredientes completamente.**
- **Hágalos jugo todos juntos y disfrute de esta fresca bebida inmediatamente**

Calorías totales: 330

Vitaminas: Vitamina A 690µg, Vitamina C 75mg, Calcio 150mg

Minerales: Sodio 76mg, Potasio 349mg

Azúcares 55g

46. Golpe de Poder

Hay muchas recetas que le brindarán resultados positivos a su salud, pero esta es específica para la hipertensión. Puede eliminar la lima si le da un sabor muy fuerte para su paladar.

Beneficios:

Las zanahorias incrementan la performance de las células blancas y ayudan a eliminar el exceso de fluidos del cuerpo. La presión también se reduce.

Ingredientes:

- Zanahorias - 2 medianas 120g
- Apio - 1 tallo, 50g
- Tomates - 2 medianos enteros 220g
- Banana – 1 mediana 100g
- Lima – ½ 25g

¿Cómo prepararlo?

- **Lave todos los ingredientes completamente.**
- **Hágalos jugo todos juntos y disfrute de esta fresca bebida inmediatamente**

Calorías totales: 85

Vitaminas: Vitamina A 900µg, Vitamina C 140mg, Calcio 197mg

Minerales: Sodio 24mg, Potasio 268mg

Azúcares 14g

47. Mix Máxima Fuerza

Esta receta es genial para servir en la mañana por el sabor fuerte que tiene y los efectos maravillosos que tendrá sobre su cuerpo a lo largo del día. Puede sumar o reducir porciones para satisfacer sus necesidades

Beneficios:

Las manzanas son una gran fuente de vitaminas y son también conocidas por reducir la presión alta y por tener altos contenidos de nutrientes.

Ingredientes:

- Manzanas -1 grande – 120g
- Raíz de Jengibre - 45g
- Pomelo (pelado)- 300g

¿Cómo prepararlo?

- **Lave todos los ingredientes completamente.**
- **Hágalos jugo todos juntos y disfrute de esta fresca bebida inmediatamente**

Calorías totales: 220

Vitaminas: Vitamina A 123µg, Vitamina C 200mg, Calcio 139mg

Minerales: Sodio 9mg, Potasio 220mg

Azúcares 42g

48. Mix Golpe de Frutilla

Este jugo es alto en vitamina C por todas las frutillas en él y el limón. Las zanahorias agregan beta-carotenos a los beneficios, haciendo una bebida genial.

Beneficios:

Las frutillas ayudan a reducir las tasas de muerte por cáncer, y son conocidas por reducir el riesgo de enfermedades cardíacas.

Ingredientes:

- Manzana – 1 grande 120g
- Limón - 1/2 fruta 32g
- Frutilla - 2 tazas, 230g
- Zanahoria - 1 pequeña, 50g

¿Cómo prepararlo?

- **Lave todos los ingredientes completamente.**
- **Hágalos jugo todos juntos y disfrute de esta fresca bebida inmediatamente**

Calorías totales: 190

Vitaminas: Vitamina A 11µg, Vitamina C 185mg, Calcio 68mg

Minerales: Sodio 4mg, Potasio 850mg

Azúcares 40g

49. Jugo de Energía Extra

Todos sabemos que los vegetales y las frutas son saludables para nuestro cuerpo, y por ello debería empezar a beber jugos que contengan una gran variedad de ellos, pero con buen sabor. Esta es una bebida inusual, pero puede ser adaptada si no le gusta algún ingrediente.

Beneficios:

Estudios muestran que los arándanos bajan la presión arterial y son buenos para impulsar el sistema inmune.

Ingredientes:

- Col de Bruselas – 1 col 17g
- Pepino - 1, 300g
- Ananá – ¼ 220g
- Espinaca – 2 puñados 50g
- Arándanos – 2 tazas 190g

¿Cómo prepararlo?

- **Lave todos los ingredientes completamente.**
- **Hágalos jugo todos juntos y disfrute de esta fresca bebida inmediatamente**

Calorías totales: 150

Vitaminas: Vitamina A 410µg, Vitamina C 204mg, Calcio 209mg

Minerales: Sodio 79mg, Potasio 470mg

Azúcares 34g

50. Jugo BOAP

Tener vidas restringidas por el tiempo y días ocupados no es excusa para no enfocarse en controlar la presión alta, asique asegúrese de hacer lo necesario para beber hacia una mejor salud de forma consistente.

Beneficios:

Las naranjas, al ser altas en vitamina C, reducen el riesgo de enfermedades cardíacas, y también ayudan a disminuir los niveles de presión.

Ingredientes:

- Manzana - 1 mediana 180g
- Naranjas - 2 grandes 365g
- Durazno - 2 medianos 300g
- Banana – 1 mediana 120g

¿Cómo prepararlo?

- **Lave todos los ingredientes completamente.**
- **Hágalos jugo todos juntos y disfrute de esta fresca bebida inmediatamente**

Calorías totales: 940

Vitaminas: Vitamina A 50µg, Vitamina C 110mg, Calcio 100mg

Minerales: Sodio 30mg, Potasio 120mg

Azúcares 40g

OTROS GRANDES TITULOS DE ESTE AUTOR

Entrenamiento Avanzado de Fortaleza Mental para Fisiculturistas

Usando la Visualización Para Empujarse al Limite

Por

Joseph Correa

Nutricionista Deportivo Certificado

Haciéndose Más Fuerte Mentalmente en Fisiculturismo Usando la Meditación

Alcance Su Potencial Controlando Sus Pensamientos Internos

Por

Joseph Correa

Nutricionista Deportivo Certificado

www.ingramcontent.com/pod-product-compliance
Lightning Source LLC
Chambersburg PA
CBHW070138080526
44586CB00015B/1747